CUADERNO DE EJERCICIOS

Francisca Castro Viúdez
Mercedes Álvarez Piñeiro
Ignacio Rodero Díez
Carmen Sardinero Francos

Primera edición, 2022
Reimpresión, 2025

Produce: SGEL Libros
Avda. Castilla La Mancha, 2
19171 Cabanillas del Campo (Guadalajara)

© Francisca Castro, Mercedes Álvarez, Carmen Sardinero, Ignacio Rodero
© SGEL Libros, S. L.
    Avda. Castilla La Mancha, 2, 19171 Cabanillas del Campo (Guadalajara)

Director editorial: Javier Lahuerta
Coordinador editorial: Jaime Corpas
Edición: Mise García
Redacción actividades vídeos: Anna Méndez
Corrección: Claudia Pérez Carbonell
Diseño de cubierta e interior: Leticia Delgado
Maquetación: Leticia Delgado

Fotografía de cubierta: Shutterstock
Ilustraciones: Maravillas Delgado (págs. 13) y Pablo Torrecilla (págs. 6, 7, 23, 34)
Fotografías: CORDON PRESS: págs. 47, 48, 85. SHUTTERSTOCK: resto de fotografías, de las cuales, solo para uso de contenido editorial: Unidad 1: pág. 7 (F. J. CARNEROS / Shutterstock.com), pág. 8 (Denis Makarenko / Shutterstock.com). Unidad 3: pág. 20 (Alvaro German Vilela / Shutterstock.com). Unidad 4: pág. 28 (SUE WETJEN / Shutterstock.com). Unidad 6: pág. 40 (Kaspars Grinvalds / Shutterstock.com). Procesos y estrategias 3: pág. 45 (wichayada suwanachun / Shutterstock.com). Unidad 7: pág. 46 matadero (Jose Luis Rueda / Shutterstock.com), Penélope Cruz (Featureflash Photo Agency / Shutterstock.com). Unidad 8: (Alexey Pevnev / Shutterstock.com). Unidad 9: pág. 65 (bibiphoto / Shutterstock.com). Procesos y estrategias 5: pág. 73 (V_E / Shutterstock.com). Unidad 12: pág. 80 (Marlene Vicente / Shutterstock.com), pág. 83 (Alfonso de Tomas / Shutttersock.com). Para cumplir con la labor educativa del libro, se han empleado imágenes de internet: pág. 9, y fotograma película: pág. 58.

Audio: Cargo Music, Crab Ediciones Musicales y Nordqvist Productions España

Impresión: Gómez Aparicio Grupo Gráfico

ISBN: 978-84-17730-95-6

Depósito Legal: M-17736-2022

Printed in Spain – Impreso en España

CONTENIDOS

Unidad 1	*Conocerse mejor*	**4**
Unidad 2	*El futuro que viene*	**10**
PROCESOS Y ESTRATEGIAS 1		16

Unidad 3	*Comida y salud*	**18**
Unidad 4	*Socialización*	**24**
PROCESOS Y ESTRATEGIAS 2		30

Unidad 5	*Consumo*	**32**
Unidad 6	*Medios de comunicación*	**38**
PROCESOS Y ESTRATEGIAS 3		44

Unidad 7	*Ocio*	**46**
Unidad 8	*Viajes*	**52**
PROCESOS Y ESTRATEGIAS 4		58

Unidad 9	*Encontrar trabajo*	**60**
Unidad 10	*Crimen y castigo*	**66**
PROCESOS Y ESTRATEGIAS 5		72

Unidad 11	*El clima*	**74**
Unidad 12	*Arte y literatura*	**80**
PROCESOS Y ESTRATEGIAS 6		86

ACTIVIDADES VÍDEOS	**88**
TRANSCRIPCIONES	**100**
SOLUCIONES	**108**

1 Conocerse mejor

A ¿ERES SOLIDARIO?

1 Escribe la pregunta correspondiente.

1 ¿En qué estás pensando?
   Estoy pensando en qué voy a hacer estas vacaciones.
2 ....
   Este mantecado está hecho con harina, almendra y manteca de cerdo.
3 ....
   Al mes nos gastamos unos 400 € en comida.
4 ....
   Yo prefiero el sofá marrón, ¿y tú?
5 ....
   Normalmente no va a casa a comer, come en el comedor de la empresa.
6 ....
   Yo creo que al final solo van a la fiesta Pepe y Joana. Los demás no pueden.
7 ....
   Vamos a clase de yoga dos veces a la semana.
8 ....
   La comida preferida de mis hijos es la pasta. Les gusta de todas las maneras.
9 ....
   La verdad es que me da igual la marca de café que compres.
10 ....
   Yo creo que Luis y Rosa son amigos desde 2015.
11 ....
   Hoy están más baratos los tomates, a 2 € el kilo.
12 ....
   De todos estos cuadros, los que más me gustan son los de Pedro, tienen unos tonos que me encantan.

2 De las preguntas siguientes, en nueve hay errores, búscalos y corrígelos.

1 ¿Qué marcas de detergente te gusta más?
  gustan
2 ¿Cuál de los dos hermanos vinieron anoche?
  ....
3 ¿Desde cuánto tiempo vives en esta ciudad?
  ....
4 ¿Cuántas veces al mes salís a cenar fuera de casa?
  ....
5 ¿Con quién has invitado a tu cumpleaños?
  ....
6 ¿En dónde pasea normalmente tu padre?
  ....
7 ¿Cuánto tiempo llevas esperando el autobús?
  ....
8 ¿Con cuál frecuencia vas a la peluquería?
  ....
9 ¿Cuánto tiempo llevaste saliendo con Laura?
  ....
10 ¿Cuánto tiempo desde que no has visto a tus hermanos?
   ....
11 ¿A quiénes alumnos les has dicho que vengan mañana a examinarse?
   ....
12 ¿Qué países del mundo te gustaría más visitar?
   ....
13 ¿A quién llamaron para sustituir a tu compañera Eulalia?
   ....

3 Relaciona cada adjetivo de carácter con su (casi) sinónimo.

1. extravertido
2. neurótico
3. cumplidor
4. retraído
5. irresponsable
6. competente
7. rebelde
8. cobarde
9. encantador
10. aprensivo

a. capaz
b. insensato
c. desobediente
d. trabajador
e. neurasténico
f. reservado
g. abierto
h. delicado
i. miedoso
j. agradable

4 Lee el artículo y completa con una palabra del recuadro.

sobre • ellos • a (x 2) • el • muy • como • que • tanto • mediante • los • entre • según • si • como

¿Son extravertidos los españoles?

Los estereotipos nacionales (1) sobre personalidad son una falacia, según un macroestudio sobre 49 culturas publicado en *Science*.

¿Cómo es un español típico? Extravertido. Irresponsable, podríamos contestar. Etiquetas que nos colocan y con las (2) .... señalamos a nuestros compatriotas.

Pero no se corresponde con lo que somos, (3) .... un gran estudio que publica hoy la revista *Science* en (4) .... que se ha entrevistado (5) .... casi 4000 personas de 49 nacionalidades.

Según los datos del artículo, los españoles se creen poco responsables y (6) .... extravertidos. Pero son casi tan cumplidores (7) .... los alemanes o los suizos germanohablantes, que sí que piensan de (8) .... mismos que son muy competentes. Los ciudadanos españoles están entre los cinco que más se valoran como extravertidos (además de los habitantes de Puerto Rico, Australia, Nueva Zelanda y Serbia). En realidad, lo son (9) .... como los japoneses, que creen ser muy retraídos.

Los japoneses, por cierto, son (10) .... que ocupan los puestos más extremos en valoración negativa: están (11) .... los cinco países que se puntúan como más neuróticos (junto a Turquía, Polonia, Nigeria e Indonesia) y los cinco menos abiertos a la fantasía y los sentimientos, y también entre los escasamente cálidos y poco propensos (12) .... las emociones positivas.

"El objetivo de la investigación era saber (13) .... los estereotipos nacionales, es decir, lo que piensan los ciudadanos acerca de cómo es la personalidad del compatriota típico, tenían algo que ver con la personalidad real", reflexiona una psicóloga y profesora de la Universidad de Madrid. Los estereotipos sirven (14) .... atajos mentales, para hacer clasificaciones rápidas de las personas, pero son erróneos y peligrosos. Pueden constituir la base de los prejuicios. Se trata de fenómenos culturales que se transmiten (15) .... los medios de comunicación, la educación, las leyendas populares, y, por supuesto, los chistes.

1

B APRENDER DE LA EXPERIENCIA

1 Completa las conversaciones con los verbos del recuadro en el tiempo adecuado del pasado.

A

ir • estar • terminar • ~~ver~~
preguntar • decir (x 2)

Lola: Fernando, ¿sabes a quién (1) **vi** el otro día en el conservatorio?
Fernando: No, ¿a quién?
Lola: A Marta.
Fernando: Sí, ¿y qué te (2) ....?
Lola: Que ya (3) .... el Grado Medio y que se (4) .... a dedicar a dar clases a niños. Por cierto, me (5) .... por ti y le (6) .... que (7) .... muy ocupado con la tesis.

C

pedir • tener • ~~enterarse~~ • decidir • pasar
estar • dar • llamar

Maribel: ¿**Te has enterado** (1) de lo de Lucía?
Ángel: No, ¿qué le (2) .... a Lucía?
Maribel: Pues que un día (3) .... dejar el trabajo que (4) .... porque (5) .... muy harta de su jefe y (6) .... trabajo en esa empresa nueva de telefonía. A los pocos días le (7) .... y después de dos meses, le (8) .... el puesto de directora de departamento.
Ángel: ¡Qué bien! Me alegro por ella.

B

ser • venir • envenenar • ~~levantarse~~ • tener
estar • terminar • acostarse (x 2) • poder

Lola: ¿Todavía no te (1) **has levantado**?
Rosa: No, es que ayer (2) .... muy tarde porque (3) .... viendo una película en la tele.
Lola: ¿Qué película?
Rosa: (4) .... una de miedo. Un hombre a quien su mujer (5) .... y (6) .... cada noche a visitarla para recordarle su crimen.
Lola: ¡Qué miedo!, ¿no?
Rosa: Pues sí. Cuando (7) .... la película y (8) ...., no (9) .... dormir y (10) .... que tomarme un somnífero.

D

hacer • ~~ver~~ • estar • denunciar • salir

Lola: ¿Sabes a quién (1) <u>he visto</u> hoy en la puerta de un restaurante?
David: ¿A quién?
Lola: A Luis Prieto.
David: ¿Y ese quién es?
Lola: Sí, hombre, ese que (2) .... varias veces en la tele, que (3) .... varios reportajes sobre el calentamiento del planeta.
David: Ah, ya caigo, el que (4) .... hace un tiempo que una fábrica (5) .... vertiendo sus residuos al río Guadiana.

2 Escribe el verbo en la forma adecuada del pasado.

1 Marimar, hace un rato .... Pedro, el del taller, y .... que ya .... tu coche, que puedes ir a recogerlo. (*llamar, decir, arreglar*)

2 Esta mañana, cuando .... de la panadería, ... a Antonio que .... un ramo de flores, yo creo que .... para su mujer, Mariví. (*salir, ver, llevar, ser*)

3 El verano pasado Ricardo y Lola .... de tren y .... uno que .... en dirección contraria. (*equivocarse, tomar, ir*)

4 **A** ¿Estás tomando café? Yo .... que a ti no te .... el café. (*pensar, gustar*)
B Claro que sí, yo siempre .... café después de comer. (*tomar*)

5 Como hoy .... a Teresa tan contenta, ... que .... noticias de su hermano Enrique, el que está en Canadá. (*ver, pensar, tener*)

6 La policía .... en las últimas horas a tres delincuentes, miembros de una banda que .... droga en un laboratorio clandestino. (*detener, manipular*)

7 .... en el periódico que el alcalde de Getafe .... un nuevo centro para los enfermos de Alzheimer. (*leer -yo-, inaugurar*)

8 Ayer .... un día estupendo y por eso Eduardo nos .... ir a dar un paseo por El Retiro. (*hacer, proponer*)

3 Lee la experiencia que narra una persona que vivió la Segunda Guerra Mundial cuando era niña. Subraya el verbo más adecuado.

Aquello **fue / era** tremendo. Yo **tenía / tuve** once años cuando **bombardearon / bombardeaban** nuestra casa. **Estaba / Estuvo** todo destruido y mi madre me **decía / dijo**: "Lucía, ahora te pido que por favor no hagas nada, no te muevas de aquí". Porque claro, como yo **era / fui** malísima… Así es que me **dejaban / dejaron** en pijama y con un abriguito por encima, sobre unos escombros. Y yo me **quedaba / quedé** quieta y **vi / veía** a todo el mundo, que **intentaba / intentó** recoger las pocas cosas que se **salvaban / habían salvado** del desastre.

Y lo **ponían / pusieron** todo encima de un carro y se **iban / fueron**… y cuando **estaban / estuvieron** a punto de desaparecer, a lo lejos me **di / daba** cuenta de que si no **corrí / corría** se marcharían para siempre. Entonces me **puse / ponía** a correr y **atravesaba / atravesé** ese campo lleno de agua y hierba, **crucé / cruzaba** todo eso y **conseguía / conseguí** saltar al carro por la parte de atrás y agarrarme a la cuerda que **sujetaba / sujetó** nuestros pocos enseres. A los diez kilómetros **oía / oí** a mi madre que **dijo / decía**: "Ostras, nos **hemos olvidado / olvidamos** de Lucía". Y yo **decía / dije**: "No, estoy aquí". Y mi madre **dijo / decía**: "Bueno, menos mal que **has hecho / hiciste** una cosa bien".

4 Esta es la biografía del famoso director de cine Pedro Almodóvar. Reescríbela en pasado.

Pedro Almodóvar con Penélope Cruz y Antonio Banderas, dos de sus principales actores.

Pedro Almodóvar

Nace en Calzada de Calatrava, provincia de Ciudad Real, en 1949. Cuando tiene ocho años, emigra con su familia a Extremadura. Allí estudia el Bachillerato.

A los 16 años se instala en Madrid con la intención de estudiar y hacer cine.

Al principio realiza múltiples trabajos temporales y más tarde, durante 12 años, tiene un trabajo fijo como administrativo en la Compañía Telefónica. En esa temporada alterna su trabajo con otras muchas actividades: actúa en un grupo de teatro (Los Goliardos), escribe relatos cortos, realiza cortometrajes.

Gracias a unos pocos amigos que le financian, consigue dirigir su primer largometraje: *Pepi, Luci, Bom y otras chicas del montón*.

En 1982 rueda la segunda película, *Laberinto de pasiones*, que tiene una buena acogida entre el público. A esta le siguen *Entre tinieblas*, *¿Qué he hecho yo para merecer esto?* y *Matador*. En 1986 Pedro dirige *La ley del deseo*, que es financiada por su propia productora. En 1987, la comedia *Mujeres al borde de un ataque de nervios* se convierte en un éxito. Da la vuelta al mundo y es aplaudida tanto por la crítica como por el público. Recibe más de cincuenta premios y es nominada para el Óscar de Hollywood.

Mientras sigue el éxito de *Mujeres...*, Almodóvar continúa con su trabajo y rueda una nueva película: *Átame* (1989), en la que empieza a trabajar con Victoria Abril. La película arrasa en las taquillas españolas, casi un millón de personas acude al cine a verla.

Siguen títulos como *Tacones lejanos*, *Kika*, *La flor de mi secreto*, *Carne trémula*. En 1999, *Todo sobre mi madre* se convierte en otro éxito en España y fuera de ella. Consigue el Óscar de Hollywood y es aplaudida en todas partes. También *Hable con ella*, de 2002, consigue un Óscar al mejor guion original.

En 2004 estrena *La mala educación*, y en 2006 aparece en las pantallas *Volver*, un filme donde el director rinde un homenaje a su tierra y a las mujeres que lo cuidaron en su infancia.

En 2009 presenta *Los abrazos rotos*, con la que es candidato a varios premios internacionales. En 2011 consigue el premio británico BAFTA a la mejor película extranjera por *La piel que habito*. Y en 2013, el director manchego regresa a la comedia con *Los amantes pasajeros*.

En 2016 estrena *Julieta*. Esta película es la que menos recaudación consigue en España. Sin embargo, obtiene un gran éxito de taquilla en Francia. En el año 2019 aparece *Dolor y gloria*, que es seleccionada para participar en los Óscar como mejor película de habla no inglesa. En 2021 recurre nuevamente a una de sus actrices favoritas, Penélope Cruz, y presenta *Madres paralelas*.

C UNA ÉPOCA PARA RECORDAR

1 En la siguiente actividad hay un fragmento de un ensayo donde la autora habla de la vida en los años 40 en España. Antes de leer, relaciona las siguientes palabras con sus significados.

1	barruntos	a	ritual
2	pequeña pantalla	b	lugares
3	ceremonia	c	presentimientos
4	prolegómenos	d	agujeros
5	saboreo	e	ayudar
6	incidencias	f	acontecimientos
7	parajes	g	degustación
8	delegación	h	preparación
9	contribuir	i	representación
10	brechas	j	televisión

2 Ahora lee y reconstruye el texto colocando cada verbo en el lugar adecuado.

> era (x 2) • iba (x 3) • entraba • se exhibían
> contribuían • abría • consumía
> tenían • ~~existían~~

3 Completa cada frase con una palabra del texto anterior.

1 No pudimos ver el musical porque no encontramos ....
2 El hijo de Virginia se cayó por la escalera y se hizo una .... en la cabeza.
3 Este año mi empresa .... con 3000 € con la campaña contra el cáncer.
4 El verano pasado estuvimos en un hotel que estaba en un .... precioso, sin ruido ni contaminación.
5 Tenemos que cambiar de coche porque este .... demasiada gasolina.
6 ¡Oiga usted!, si quiere sacar una entrada, póngase en la ...., como todo el mundo.
7 ¿Vamos al teatro? He visto en la .... que ponen una obra de Federico García Lorca.

4 🔊 1 Escucha la entrevista que le hacen a una cantante de ópera y haz un resumen.

En los años cuarenta, cuando no (1) *existían* ni barruntos del invento revolucionario que habría de meternos las imágenes en casa por la pequeña pantalla, ir al cine (2) .... la gran evasión, la droga cotidiana y constituía una ceremonia que hoy ha perdido toda su magia. Una chica nunca (3) .... sola al cine, de la misma manera que tampoco (4) .... sola en un café. Ir al cine (5) .... un ritual de grupo, en el que los prolegómenos (6) .... también su importancia, porque (7) .... al saboreo de la situación. Desde las sugerencias que proporcionaba el título de la película que se (8) .... a ver, intensificadas por la contemplación de las carteleras que (9) .... a la entrada con las escenas más emocionantes, hasta el momento de hacer cola para sacar las entradas, todo el grupo de amigas (10) .... varias horas a la semana comentando los preparativos e incidencias de aquel asunto, que tenía algo de excursión a parajes más o menos exóticos, donde se (11) .... a vivir por delegación una historia que (12) .... brechas en la rutina de la propia existencia.

Carmen Martín Gaite
Usos amorosos de la posguerra española. Ed. Anagrama

2 El futuro que viene

A OBJETOS IMPRESCINDIBLES

1 Mira las ilustraciones. Relaciona los dibujos con los nombres.

1. Plancha ☐
2. Máquina de coser ☐
3. Prismáticos ☐
4. Peonza ☐
5. Máquina de escribir ☐
6. Molinillo ☐
7. Tocadiscos ☐
8. Cámara de fuelle ☐
9. Quinqué ☐
10. Balanza ☐
11. Palmatoria ☐

2 La mayoría de estos objetos solo se pueden adquirir en una tienda de antigüedades. ¿Para qué servían?

1. La balanza romana servía para _pesar los alimentos._
2. La peonza servía para ....
3. Los prismáticos servían para ....
4. El molinillo servía para ....
5. La máquina de escribir servía para ....
6. El tocadiscos servía para ....
7. El quinqué y la palmatoria servían para ....
8. La máquina de coser servía para ....
9. La cámara de fuelle servía para ....
10. La plancha de fundición servía para ....

3 Lee la siguiente noticia sobre la próxima feria SIMO EDUCACIÓN LIVEConnect y completa el texto con los verbos del recuadro conjugados en futuro.

> permanecer • participar • congregar • ser • ofrecer (x 2)
> impartir • completar • cerrar • estar • permitir (x 2) • correr • poder
> celebrarse (x 2) • arrancar • apuntar • tener

Todo a punto para el arranque de SIMO EDUCACIÓN LIVEConnect

El programa de conferencias, talleres y mesas de debate (1) .... a expertos clave en materia de educación y digitalización, los días 30 de noviembre y 1 de diciembre

La feria, que (2) .... en formato digital, ya tiene confirmada la participación de más de 10 empresas y otras tantas universidades.

Los próximos días 30 de noviembre y 1 de diciembre la plataforma digital SIMO EDUCACIÓN LIVEConnect (3) .... a la comunidad educativa de España y Latinoamérica un completo programa de innovadores contenidos, vídeos, talleres, charlas e interesantes mesas de debate, orientado a impulsar la enseñanza en las aulas a través de las nuevas herramientas digitales.

Por un lado, las empresas participantes (4) .... la oportunidad de disfrutar de un *slot* en horario de mañana, a través del Pack Digital Plus, que les (5) .... reforzar su propuesta de contenidos, o bien la oportunidad de participar como patrocinadores de una mesa redonda, taller, conferencia o *brand awareness*, para obtener mayor visibilidad, en lo que (6) .... una de las más potentes comunidades educativas *online*.

Y es que la plataforma interactiva SIMO EDUCACION LIVEConnect, que organiza IFEMA MADRID en colaboración con Educación 3.0., brinda a todos sus participantes —empresas tecnológicas, grupos editoriales, distribuidoras de tecnología y plataformas de gestión y de contenidos educativos— la oportunidad de crear sinergias, aunar contenidos y novedades orientados a mejorar los procesos de enseñanza y aprendizaje. Un espacio de *networking* e interacción profesional, en permanente actualización con las últimas innovaciones tecnológicas en educación, donde se (7) .... agendar reuniones en tiempo real, que (8) .... abierto hasta dar paso al próximo gran evento presencial SIMO EDUCACIÓN.

Conferencias, talleres y mesas de debate

Durante dos días SIMO EDUCACIÓN LIVEConnect (9) .... un programa de conferencias, talleres y mesas de debate con la participación de expertos en educación y digitalización. La inauguración del programa

(10) .... a cargo del director del Instituto Nacional de Tecnologías Educativas y de Formación del Profesorado.

(11) .... esta jornada el taller "Plan digital de tu centro" y la mesa redonda "Cómo fomentar la vocación de las niñas por las materias STEAM" en la que (12) .... expertos, docentes y representantes de firmas tecnológicas para analizar las estrategias que deberían poner en marcha administraciones, empresas, centros educativos y familias para romper la brecha de género en la elección de estudios STEAM.

El 1 de diciembre, las actividades (13) .... con la ponencia "Posibilidades de la Neurodidáctica" y a continuación (14) .... el taller titulado "¿Gamificamos?" que (15) .... la cofundadora de Docentes Gamificando, para sumergir a los asistentes en las experiencias educativas de la escuela rural.

El programa se (16) .... con una mesa de debate sobre "La digitalización de las aulas ya es una realidad. ¿Y ahora qué?", en la que expertos, docentes y empresas del sector (17) .... algunas de las claves que (18) .... sacar el máximo partido a las soluciones tecnológicas para el aula. Esta mesa (19) .... patrocinada por la Fundación Repsol, la compañía especializada en tecnologías de audio, Jabra, Qualcomm, y Open Digital Education con sus soluciones ONE y NEO, la red social educativa más grande de Europa y piedra angular de las escuelas a distancia durante la crisis sanitaria.

2

4 🔊 **2 Escucha el documental que habla sobre los juguetes tradicionales y responde a las preguntas.**

1. ¿En qué se diferencian los juguetes tradicionales y los juguetes modernos?
2. Según Mario Vázquez, ¿cuál es el inconveniente que supone el uso mayoritario de juguetes modernos?
3. ¿Qué capacidades se ven limitadas en los niños que juegan con juguetes modernos?
4. ¿Qué significa la frase "los niños son como esponjas"?
5. ¿Qué solución se da en el texto para fomentar la vuelta a la juguetería tradicional?
6. Piensa en un juguete que tenías cuando eras pequeño y descríbelo. ¿Para qué servía?

B LA CASA DEL FUTURO

1 Imagina los pensamientos o los diálogos de estas personas.

1. Una chica está estudiando para un examen. El examen es mañana a las cuatro de la tarde. Ahora mismo son las nueve de la noche y está a punto de ir a cenar…
   Mañana, a estas horas, ya habré terminado el examen.

2. El responsable de una exposición que finaliza mañana y que tiene muchas ganas de terminar…
   ¡Mañana ya ....!

3. Una chica llama por teléfono a su mejor amigo. Le dice que ya está en la ciudad y que en veinte minutos estará en su casa. El amigo está cenando con sus padres.
   Cuando Clara llegue, nosotros ya ....

4. Una pareja de novios se casa el próximo mes de abril. El constructor de su vivienda les comunica que la obra no terminará hasta mayo.
   Lo siento mucho. Cuando podáis entrar a vivir en la nueva casa, vosotros ya ....

5. Una persona sale de su trabajo y se dirige al supermercado a hacer la compra. De camino se encuentra un atasco a causa de un accidente…
   Cuando llegue al supermercado, ya ....

6. Lucas quiere jugar con sus amigos al fútbol pero el partido es a las 10 y él tiene clase hasta las 12 (Les dice a sus amigos).
   Cuando yo llegue, vosotros ya ....

7. Un ejecutivo quiere celebrar el cumpleaños de su hijo en casa. Hoy tiene mucho trabajo y sabe que va a salir tarde, pero no quiere llegar después de que su hijo se acueste.
   Cuando llegue a casa, mi hijo ya ....

8. Pablo y Javier van al cine a ver una película que empieza a las 7. El metro sufre una avería y deciden coger el autobús.
   Lo malo es que cuando lleguemos al cine, la película ya ....

2 Completa el diálogo de dos personas que están haciendo conjeturas, con los verbos y las frases del recuadro. Utiliza el futuro.

> llorar • volver a suspender • quedar con alguien • entrar • reñir
> olvidar la llave • irse • perder a su madre • quedar grandes • adelgazar

1 A ¿Por qué se irá tan temprano?
B Habrá ....

2 A ¿Por qué .... ese niño?
B Habrá ....

3 A ¿Por qué le ....?
B Habrá ....

4 A ¿Por qué no .... en casa?
B Habrá ....

5 A ¿Por qué le .... los pantalones?
B Habrá ....

3 Completa el texto con los verbos del recuadro en futuro.

> poder (x 4) • salir • contar • formar • valorar • vivir • llevar • ser (x 2) • multiplicarse
> permitir (x 2) • generar • crecer • haber • seguir

El futuro que viene

En dos décadas la esperanza media de vida aumentará diez años, muchas enfermedades genéticas se podrán prevenir y la biotecnología será una alternativa para acabar con la desnutrición en el tercer mundo.

SALUD, GENÉTICA Y NUTRICIÓN
Las enfermedades del corazón, del cerebro y el cáncer (1) **seguirán** siendo las que causen más muertes en los próximos años, aunque (2) .... espectaculares avances en su prevención.

Según expertos en investigación biomédica, muchas enfermedades se (3) .... predecir con años de antelación. Obviamente no se (4) .... eliminar todas las enfermedades genéticas, ya que están en nuestros genes, pero nuestros hijos sí (5) .... saber con antelación si el hijo que van a tener será sano.

Una gran revolución (6) .... la tarjeta genómica. Los bebés (7) .... de la maternidad con su tarjetita genómica, personal e intransferible, que (8) .... todo su código escrito en una especie de banda magnética. (9) .... su tarjeta de visita cuando entren en un hospital.

FAMILIA, OCIO Y CIENCIA
Dentro de unos años, la población con más de 80 años (10) .... por cinco y en 2050 muchos de nuestros mayores (11) .... más de cien años. Los más optimistas afirman que este envejecimiento (12) .... más y mejores puestos de trabajo para los jóvenes, lo que les (13) .... tener una vivienda y formar una familia con mayor facilidad que ahora. Con ayuda de la inmigración, los índices de natalidad (14) ....

El tiempo libre se (15) .... cada vez más. Se irá imponiendo el nomadismo virtual, que (16) .... viajar, hacer deportes o visitar museos sin salir de casa. Mónica Solé, científica, afirma: "En unos años habremos entrado de lleno en la era de la tecnología, los robots (17) .... parte de la vida, los ordenadores (18) .... realizar el trabajo de once años en una hora. Los físicos teóricos (19) .... con más detalle cómo se originó el universo".

(Adaptado de AR revista)

2

4 Lee el siguiente texto y señala si las afirmaciones son verdaderas (V) o falsas (F).

LA CASA SOSTENIBLE

La casa sostenible ideal es una casa bioclimática, es decir, un edificio que aprovecha las condiciones naturales para disminuir todo lo posible las necesidades energéticas. A esta tendencia arquitectónica se le denomina bioclimatismo pasivo. El bioclimatismo activo es, por el contrario, el conjunto de sistemas que puede integrarse en una casa con el objeto de aumentar su eficiencia energética.

Antes del siglo XX, cuando la población se concentraba en las áreas rurales, casi todas las casas de este entorno seguían estos criterios; la gente vivía más en contacto con la naturaleza y había menos comodidades; para disponer de calefacción era necesario ir a recoger leña al bosque, y el campesino pronto aprendió –hemos tenido cientos de años para hacerlo– que necesitaba recolectar menos leña si orientaba la fachada principal de su casa hacia el sur, pues el sol da de esta forma todo el día y la temperatura en el interior durante el invierno es mucho más elevada que si se le da una orientación diferente.

Con el tiempo, las técnicas fueron perfeccionándose: arcadas en la parte frontal de la casa –paran el sol en verano, pero lo dejan entrar en invierno–, tejados de césped, ventilación cruzada y otras técnicas que arquitectos bioclimáticos de hoy en día han rescatado de la memoria colectiva. Fue la industrialización, la construcción masificada de viviendas en el entorno urbano y la abundancia de recursos fósiles los que nos hicieron dejar de lado estas prácticas milenarias.

Esto, en referencia al bioclimatismo pasivo. Pero el desarrollo de la tecnología también nos ha abierto las puertas a otras ventajas: la creación de tecnologías basadas en las energías renovables, que antes no existían, como la energía solar térmica, que nos permite aprovechar el calor del sol para generar agua caliente y para la calefacción. La fabricación de *pellets* a base de residuos forestales y la optimización de las calderas que consumen estos combustibles también suponen un avance a nivel de eficiencia frente a su origen, el hogar de leña.

(Fuente: http://www.lacasasostenible.com)

1 ☐ El bioclimatismo activo consiste en aplicar sistemas a las viviendas para reducir su consumo energético.
2 ☐ Si nuestra fachada está orientada hacia el norte, necesitaremos poner menos la calefacción.
3 ☐ La industrialización ha hecho que olvidemos utilizar los recursos climáticos en la construcción de nuestras viviendas.
4 ☐ Según el artículo, deberíamos volver al hogar de leña.

C ¡CÓMO HEMOS CAMBIADO!

1 Lee el siguiente texto que hemos obtenido del diario de una joven española.
Complétalo con el verbo y el tiempo adecuados.

24 de mayo
Cuando echo la vista atrás me doy cuenta de cómo ha cambiado todo y también de cómo he cambiado yo...
Antes me molestaba que mis hermanas (1) se pusieran (ponerse) mi ropa, en cambio, ahora, me encanta que (2) .... (venir) a mi casa en busca de cualquier jersey o complemento. Recuerdo que me ponía muy nerviosa que (3) .... (tocar) mis cosas y ahora echo de menos que no lo hagan.

¡Cómo cambia todo! Me da pena que (4) .... (tener) que vivir en otra ciudad y que no las (5) .... (poder) ver cuando quiero.
Recuerdo también que a mis padres les sacaba de quicio que (6) .... (enfadarse) entre nosotras y ahora siempre nos están diciendo que les encanta que (7) .... (llevarse) tan bien.
¡Qué cosas! La verdad es que me encanta que la gente (8) .... (cambiar) y (9) .... (evolucionar).
Estamos en un mundo lleno de cambios, ¡no íbamos a ser nosotros menos!

2 ¿Tú también has cambiado? Completa las frases.

1 Antes me molestaba que .... y ahora no me molesta.
2 Cuando era pequeño/a, me ponía nervioso/a que .... y ahora me encanta que ....
3 Cuando iba al colegio, me sacaba de quicio que .... y ahora me gusta que ....
4 Antes me gustaba que .... y ahora no.
5 Antes me daba pena que .... y ahora ya no me da pena.

3 ¿Qué aparato o aparatos eléctricos utilizarías en las siguientes situaciones? Puedes utilizar el diccionario.

1 Me molesta que haga tanto calor: **un ventilador**
2 No soporto estar a oscuras porque necesito leer: ....
3 Me da pena no poder subir por las escaleras porque me he roto la pierna: ....
4 Le gusta mucho dormir, pero mañana tiene que madrugar mucho: ....
5 Me saca de quicio que se me enfríe la comida: ....
6 Me molesta que el agua no esté fría: ....
7 Me gusta que mi ropa esté limpia y seca: ....
8 Me da pena que no podamos hacer una mayonesa casera: ....
9 Me saca de quicio que mis padres tengan que lavar los platos: ....
10 Me da pena que no puedan asar un pollo: ....

4 Completa las siguientes frases conjugando el verbo que aparece entre paréntesis en futuro perfecto, futuro imperfecto o condicional.

1 El presidente del Gobierno ha anunciado que la Ley de Reforma Laboral **estará** (estar) lista en marzo.
2 El puente sobre el río Miño no se .... (poder) inaugurar hasta el año que viene.
3 La alcaldesa aseguró que, si era reelegida, ... (construir) más guarderías.
4 Ha subido el índice de obesidad de niños españoles. ¿........................ (Tener) solución?
5 ¿........................ (Terminar) las obras en Madrid cuando volvamos de las vacaciones?
6 A La grúa se ha llevado nuestro coche.
  B Lo .... (tener) mal aparcado.
7 A ¿Qué hora es?
  B No lo sé. .... (Ser) las once.
8 Los operadores móviles anuncian que .... (aumentar) las tarifas.
9 La Xunta de Galicia .... (expropiar) y .... (comprar) terrenos para construir viviendas protegidas.
10 Cuando yo llegue, vosotros ya .... (terminar) de ver la película.

5 Completa las siguientes frases con tus opiniones personales.

1 Me pone histérico que ....
2 Me da asco que ....
3 Me da miedo ....
4 Me divierte que ....
5 Me aburre que ....
6 Me intriga que ....
7 Me deja indiferente que ....
8 No me afecta que ....
9 Me saca de quicio que ....
10 Me gusta que ....
11 Me molesta que ....
12 Me da pena que ....

quince **15**

PROCESOS Y ESTRATEGIAS 1 — UNIDADES 1 Y 2

ESCUCHAR

1 🔊 3 Escucha la conversación entre dos hermanos, Carmela y Martín, y completa el diálogo.

Carmela: ¿Sabes Martín? Yo, de mayor, (1) .... en una aldea en la montaña, (2) .... animales y (3) .... mi propio huerto.
Martín: ¡No me lo creo! ¿Tú?, ¿en la montaña?, ¿en una aldea?
Carmela: ¿Por qué te hace tanta gracia? ¿No me imaginas con mis animales y mi huerto?
Martín: Pues no, para nada. Te imagino en una gran ciudad yendo a conciertos y a espectáculos, saliendo por la noche y rodeada de tecnología. Yo creo que tu futuro (4) .... algo así.
Carmela: ¡Qué equivocado estás! Pero ¿dónde te crees que he nacido? ¿En Singapur? ¿En Silicon Valley?
Martín: No, pero tampoco has nacido en una aldea remota perdida en la montaña.
Carmela: No tiene por qué estar relacionado el lugar en el que naces con el lugar en el que te gustaría vivir. Y yo, ahora, creo que la mejor opción en un futuro (5) .... la de ir a vivir a una aldea remota.
Martín: ¡Cómo has cambiado, hermanita! ¿Quién te ha metido esa idea en la cabeza? ¡Tú cree todo lo que te digan!
Carmela: ¿Por qué dices eso? Nadie me ha dicho nada. Es más, también sé lo que (6) .... tú. Tú (7) ....

en una gran ciudad, en una urbanización a las afueras, (8) .... un coche familiar muy grande y dos perros. Tu casa (9) .... un gran jardín con muchas plantas y una gran barbacoa... ¿A que tengo razón?
Martín: Puede. Nunca me lo había planteado de esa manera. Ya (10) ....

2 Practica con tu compañero. Leed la conversación en voz alta.

3 🔊 4 Ahora, escucha y practica estas expresiones. Repítelas con la entonación adecuada. ¿Qué crees que significan? ¿Qué tratan de expresar?

1. ¿Sabes, Martín?
2. ¡No me lo creo!
3. ¿Tú? ¿En la montaña? ¿En una aldea?
4. ¡Qué equivocado estás!
5. ¡Tú cree todo lo que te digan!
6. ¿A que tengo razón?
7. Ya veremos.

4 Piensa en ejemplos de interrogativas irónicas, aseverativas y exclamaciones de mandato irónico e imagina contextos en los que podrías utilizar esas frases. Escribe unos breves diálogos con ellas y léeselos a tu compañero.

 **PRONUNCIACIÓN**

Pronunciación y prosodia: entonación, ritmo y pausas

En la expresión oral debes identificar y producir los patrones melódicos correspondientes a la entonación interrogativa o exclamativa y a distintos actos de habla:

- Interrogativa irónica: ¿Tú? ¿En la montaña? ¿En una aldea?; Pero… ¿dónde te crees que he nacido?
- Interrogativa aseverativa: ¿A que tengo razón?
- Exclamación de mandato irónico: ¡Tú cree todo lo que te digan!

MEDIACIÓN ORAL

5 Imagina que eres Martín. Cuéntale a tu compañero tu conversación con Carmela. Trata de interpretar todo lo que ella ha dicho.

Mi hermana me ha contado que de mayor querrá vivir en una aldea en la montaña. Ya le he dicho que eso es imposible y que yo no era capaz de verla viviendo en un lugar así

6 En la sección A de la unidad 2 de este cuaderno, ejercicio 3, en el texto sobre la feria SIMO EDUCACIÓN LIVEConnect, aparecen algunos conceptos que tu compañero no ha comprendido muy bien. Intenta explicárselos.

- congregar a expertos
- brindar algo a alguien
- crear sinergias
- obtener visibilidad
- aunar contenidos y novedades
- agendar una reunión
- romper la brecha de género

ESTRATEGIAS

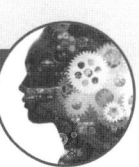

Para explicar un concepto nuevo a tu interlocutor:

1 Puedes formular preguntas para estimular la activación de conocimientos previos.
   ■ *¿Qué es "aunar"?*
   ● *¿Sabes qué significa "unir"? Pues "aunar" es…*

2 Puedes establecer comparaciones y/o relaciones entre conocimientos nuevos y previos.
   Una ponencia es como una conferencia.

3 Puedes proporcionar ejemplos y definiciones.
   Arrancar algo es poner en marcha algo, por ejemplo: arrancar un negocio.

4 Puedes parafrasear o decir lo mismo con otras palabras.
   Una persona sin hogar es una persona sin casa.

3 Comida y salud

A VIDA COTIDIANA

1 En España se consumen muchas verduras y, además, las verduras son ingredientes de muchos de nuestros platos típicos. Para preparar los platos que siguen, ¿qué verduras se necesitan?

A) GAZPACHO

B) TORTILLA ESPAÑOLA

C) COCIDO MADRILEÑO

D) PAELLA

2 Lee el siguiente texto y contesta a las preguntas.

FRUTAS Y VERDURAS, cinco al día

Las verduras y hortalizas constituyen, junto con las frutas, una fuente primordial de vitaminas variadas, sales minerales, fibra y elementos antioxidantes. La deficiencia mantenida de muchos de estos nutrientes tiene relación directa con la aparición y desarrollo de algunas de las enfermedades crónicas de mayor incidencia en la edad adulta en la actualidad: aterosclerosis, diverticulitis, colon irritable, osteoporosis, anemias, cáncer, etc.

Sin ir más lejos, las vitaminas son sustancias que, en su mayor parte, el organismo no puede sintetizar y, aunque necesarias en muy pequeña cantidad, su ingesta inadecuada puede producir alteraciones funcionales, orgánicas y clínicas. Hasta hace unos años a las vitaminas se les atribuía un papel exclusivamente nutricional como elementos reguladores de los procesos metabólicos, entre otras funciones. En la actualidad se destaca su influencia en el freno del desarrollo de la mayor parte de las enfermedades crónicas.

(Extraído de *http://verduras.consumer.es*)

1. Además de las verduras y hortalizas, ¿qué otro alimento aporta vitaminas, sales minerales y fibra?
   La fruta
2. Nombra al menos dos de las enfermedades crónicas que pueden estar relacionadas con la falta de consumo de verduras.
3. ¿Qué puede producir un mal consumo de verduras y hortalizas?
4. ¿Qué relación existe entre las vitaminas y las enfermedades crónicas?

3 🔊 5 Escucha este programa de radio donde dan consejos para tratar las verduras. Señala si las siguientes afirmaciones son verdaderas o falsas.

1 Lo más importante a la hora de preparar una receta es la calidad de los ingredientes. F
2 Para lavar la lechuga, deja las hojas en remojo unas horas con unas gotas de lejía. ☐
3 Las zanahorias se deben pelar justo antes de su consumo. ☐
4 Si añadimos un poco de limón o vinagre, evitamos la oxidación de las vitaminas. ☐
5 Es mejor comer las frutas y verduras con piel para que conserven todas sus vitaminas. ☐

B COCINAR

1 Rosa siempre está pensando en recetas diferentes y planeando cenas y comidas con sus amigos. Lee lo que Rosa iba pensando el otro día en el autobús y conjuga los verbos que aparecen entre paréntesis.

Cuando (1) **llegue** (llegar) a casa, sacaré unos langostinos del congelador y prepararé una ensalada. En cuanto (2) .... (tener) los langostinos descongelados, los (3) .... (mezclar) bien con la pasta y los (4) .... (aliñar) con aceite y vinagre.
¡No!, mejor no aliño la ensalada hasta que no (5) .... (estar) en casa los invitados…
¡Sí!, tan pronto como (6) .... (llamar) al timbre, la aliño y listo.
¡No sé!, ¡no sé!, tal vez no es una buena idea hacer otra vez la ensalada de langostinos… Cuando (7) .... (invitar) a gente a cenar, siempre hago lo mismo…
Antes de (8) .... (invitar) a mis amigos, debería preguntarles qué comida les gusta… ¿Y si no les gustan los langostinos?... Tan pronto como (9) .... (hablar) con ellos, tomo una decisión.
¡Sí!, creo que va a ser la mejor opción. Recuerdo cuando mi jefe me (10) .... (invitar) a cenar y antes de que (11) .... (llegar) el día me preguntó por mis gustos culinarios… ¡Qué atento fue! Además, en cuanto (12) .... (hacer) el menor gesto de sorpresa, él me explicó que siempre lo hacía para poder acertar con el menú.
¡Sí! Voy a hacer lo mismo que hizo mi jefe. Tan pronto como (13) .... (poner) un pie en casa, los llamo por teléfono y así podré tener la información antes de que mi hermana (14) .... (ir) al supermercado.

3

2 Relaciona.

1 picar
2 batir
3 remover
4 condimentar
5 dar la vuelta
6 pochar
7 hornear
8 hervir

a especias
b huevos
c cebolla
d leche
e tortilla
f pollo
g salsa
h zanahoria

3 Elige la forma adecuada del verbo.

1 Iremos a tu casa cuando **estarán / estén** listos.
2 No se movieron del sitio hasta que **lleguéis / llegasteis**.
3 En cuanto **podrás / puedas**, llámame.
4 Estuvo sentado hasta que **llegó / llegue** la comida.
5 Antes de que **llegarais / lleguéis**, ya os habíamos llamado varias veces por teléfono.
6 Lávate las manos antes de **coma / comer**.
7 Cuando **añadas / añadir** la sal, apaga el fuego.
8 Allí estaré tan pronto como **llamaréis / llaméis**.
9 Pidió la hoja de reclamación en cuanto **termine / terminó** de comer.
10 No eches el agua hasta que no **hierva / hierve** la salsa.
11 Llámame tan pronto como **llegas / llegues** a casa.
12 Apaga el ordenador cuando **acabéis / acabaréis** de ver ese vídeo.

4 Aquí tienes la receta de la paella valenciana. Completa la receta escribiendo la forma correcta de los verbos que aparecen entre paréntesis.

Paella valenciana

Echamos el aceite en el centro de la sartén, la nivelamos, encendemos el fuego y calentamos el aceite.

Cuando el aceite (1) comience (comenzar) a humear, incorporamos el pollo y el conejo troceados y ligeramente salados, dorándolos cuidadosamente a fuego medio.

En cuanto la carne (2) .... (estar) dorada, (3) .... (añadir) la verdura troceada y la rehogamos unos minutos.

Hacemos un hueco en el centro de la paellera apartando la carne y la verdura. En este hueco incorporamos el tomate, lo sofreímos unos minutos y añadimos el pimentón. El fuego debe ser suave hasta que (4) .... (añadir) el pimentón, porque si no, corremos el riesgo de que se queme y la paella resulte amarga.

Es el momento de verter agua hasta casi el borde de la sartén. Tan pronto como (5) .... (echar) el agua, (6) .... (añadir) algo de sal y la dejamos cocer unos 30 minutos, echando más agua si fuera necesario.

En cuanto (7) .... (transcurrir) los 30 minutos, (8) .... (incorporar) el arroz y agregamos el azafrán o el colorante sobre el arroz.

Cocemos a fuego muy fuerte durante 7 minutos aproximadamente, o hasta que el arroz medio cocido (9) .... (comenzar) a asomar.

En este momento debemos bajar el fuego casi al mínimo y dejar cocer otros 4 o 5 minutos más.

Cuando ya (10) .... (estar) lista, la retiramos del fuego y la dejamos reposar durante 5 minutos antes de servir.

5 Lee el texto y elige la opción adecuada.

Un experto y creativo de la cocina asegura que la cocina del futuro serán las pastillas

Marc Cuspinera, el que fue jefe de cocina del Bulli de Ferrán Adriá, un famoso restaurante que estuvo abierto entre 1962 y 2011 y que fue conocido internacionalmente por su labor gastronómica, aseguró durante una intervención en el Fórum de las Culturas de Barcelona que la cocina del futuro serán las pastillas. Uno de los retos, (1) por otro lado, de la alta cocina es encontrar productos naturales, frescos y salvajes.

La cocina del futuro, (2) .... Cuspinera, tiende hacia los "platos preparados" a causa de las prisas y el estrés, "pero que sean buenos". El experto, (3) ...., prefiere no tener que imaginarse esa situación, y asegura (4) .... que "llegaremos a comer pastillas, donde tendremos concentrados todos los nutrientes y sabores", como una pastilla de sopa de pescado, sugiere. (5) ...., lo que preocupa más al experto es la cocina de cada día. Según Cuspinera, "antes era un hecho social, pero ahora tenemos que buscar nuevas fórmulas a causa del ritmo de vida: ¿por qué no puede ser bueno un fast food si la carne es de buena calidad?", (6) ....

Para Cuspinera, el reto de la alta cocina es el producto fresco y natural. "Proliferarán las piscifactorías porque actualmente ya no se encuentra pescado fresco para todo el mundo.

Pero por suerte el mundo se ha hecho pequeño y un producto fresco de China que antes tardaba semanas en llegar ahora llega en 24 horas".

(Extraído de http://www.consumaseguridad.com)

1 ☐	**a** por otro lado	**c** además	**b** pues	**d** por el contrario
2 ☐	**a** por	**c** en	**b** según	**d** sobre
3 ☐	**a** sin embargo	**c** asimismo	**b** pues bien	**d** desde luego
4 ☐	**a** además	**c** al fin y al cabo	**b** pues bien	**d** a propósito
5 ☐	**a** Incluso	**c** Encima	**b** Mejor dicho	**d** A pesar de todo
6 ☐	**a** afirma	**c** exclama	**b** se pregunta	**d** se desdice

C DOLOR DE ESPALDA

1 Relaciona las siguientes expresiones con su significado.

1 Dar pie.
2 Por narices.
3 Tener mucha cara.
4 Como anillo al dedo.
5 Salir por pies.
6 Tener mala pata.
7 Ser uña y carne

a Sin otra alternativa.
b No tener vergüenza.
c Dar motivos a alguien para que actúe o hable de una forma determinada.
d Escapar deprisa de un peligro.
e Tener mala suerte.
f Estar siempre con alguien.
g Muy adecuado.

2 Completa las frases con las expresiones anteriores.

1 Me he levantado de la reunión porque ella ha dado pie para que actúe de esta manera.
2 No puedo suspender este examen. Tengo que aprobarlo por ....
3 Tu prima .... Todavía no me ha pagado lo que me debe.
4 En cuanto llegó la policía, los ladrones ....
5 ¡Pobre! Qué ...., se ha quedado otra vez sin trabajo.
6 Las vacaciones nos vienen .... para estudiar para los exámenes.
7 Tu hijo y mi hijo siempre están jugando juntos y hablando por el móvil, ...

veintiuno **21**

3

3 Lee la siguiente entrevista con un médico sobre el dolor de espalda y completa las frases.

ENTREVISTA

¿Qué puedo hacer para sentir alivio cuando me duele la parte baja de la espalda?

La mejor posición para sentir alivio cuando hay dolor de espalda es acostarse de espaldas en el suelo con almohadas debajo de sus rodillas, con las rodillas y caderas dobladas y los pies sobre un asiento o simplemente con las rodillas y las caderas dobladas. Esto elimina la presión y el peso que recae sobre la espalda.

Si usted tiene que descansar, su espalda lesionada es probable que necesite de uno a dos días de este tipo de descanso. Descansar por más tiempo puede hacer que sus músculos se debiliten, lo cual puede retardar su recuperación. Incluso si le duele, camine durante unos pocos minutos cada hora.

¿Hay alguna cosa más que se pueda hacer para sentir alivio?

Las almohadillas calientes pueden ayudar a relajar espasmos musculares dolorosos. Use calor de 20 a 30 minutos cada vez. Las bolsas o empaques con hielo y los masajes también le pueden proporcionar alivio.

También existen medicamentos que no requieren prescripción médica que disminuyen el dolor o la hinchazón, como la aspirina.

¿Cuándo se debe ir al médico?

Debe acudir al médico si el dolor le baja por la pierna hasta más abajo de la rodilla, si siente su pierna, pie o ingle entumecidos; si tiene fiebre, náuseas, vómitos, dolor de estómago, debilidad o sudoración; si pierde el control para ir al baño, etc.

Y para finalizar, ¿qué consejos me daría para prevenir la distensión de los músculos de la espalda?

No levante nada doblando el cuerpo hacia delante, levante un objeto doblando sus caderas y rodillas y luego agachándose en esta posición para levantar el objeto. Mantenga la espalda recta y sostenga el objeto cerca de su cuerpo. Evite doblar el cuerpo mientras levanta algo.

Si usted se tiene que sentar en el escritorio o en el asiento de su automóvil durante períodos de tiempo largos, tome descansos para estirarse.

Use zapatos planos o zapatos con tacones bajos; máximo de una pulgada (2,54 cm) de alto o menos.

Haga ejercicio regularmente. Un estilo de vida inactivo contribuye al dolor en la parte baja de la espalda.

1 Si te duele la espalda, <u>acuéstate</u> de espaldas en el suelo con almohadas debajo de tus rodillas.
2 Si os duele la espalda, ... durante unos pocos minutos cada hora.
3 Si alguna vez les duele la espalda a tus hijos, ... almohadillas calientes o .... una aspirina.
4 Si el dolor te baja por la pierna hasta la rodilla, ... al médico.
5 Si levantaras las cosas pesadas del suelo doblando las caderas y rodillas, no .... problemas de espalda.
6 Si te .... bien delante del escritorio, ahora no te .... la espalda.
7 Si .... ejercicio regularmente, te encontrarías mejor.

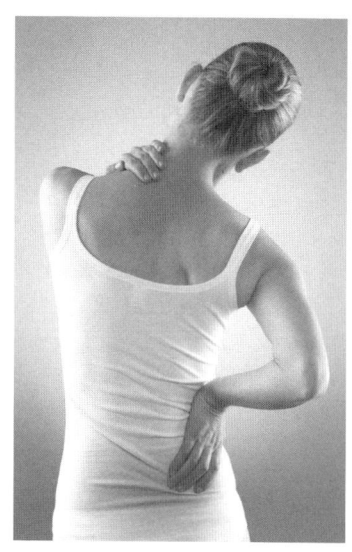

4 Construye frases condicionales a partir de los siguientes dibujos.

No llegar tarde / tomar el autobús.
Si no hubiera llegado tarde, habría tomado el autobús.

No saltarse un semáforo / no tener un accidente.
....

Tener cuidado / el mono no comer su merienda.
....

Traer paraguas / no estar aquí ahora.
....

 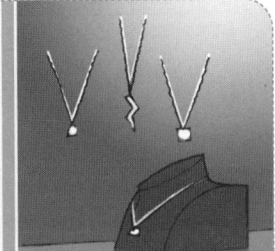

Tener dinero / comprar el collar.
....

Dar prisa / la tienda no estar cerrada.
....

5 Escribe el verbo en la forma adecuada y relaciona.

1. Si (tener, yo) **tuviera** más tiempo libre,
2. (Aprobar, yo) .... el examen
3. Si (ahorrar, vosotros) .... dinero cuando erais jóvenes,
4. (Meter, yo) .... la pata,
5. Si (ir, nosotros) .... al gimnasio,
6. Si (encontrarse, tú) .... mal,
7. (Tener, tú) .... mejor las manos
8. No (comer, ella) .... eso
9. Te (dar) .... tiempo a llegar
10. Si no (empinar, ellos) .... el codo,
11. Si (ser, vosotros) .... más listos,
12. Si (volver, yo) .... a nacer,

a. nos encontraríamos mejor.
b. si hubieras salido antes del trabajo.
c. leería más libros.
d. no habrían tenido aquel accidente.
e. si no te comieses las uñas.
f. no os habrían tomado el pelo.
g. no metería tanto la pata.
h. ahora podríais compraros una casa.
i. vete al médico.
j. si supiese los ingredientes.
k. si hincase más los codos.
l. si le dijera que la quiero.

4 Socialización

A ¿CON QUIÉN VIVES?

1 Completa la columna de los sustantivos utilizando los sufijos del recuadro.

-encia • -eza • -ción • -idad • -miento

	Verbos-adjetivos	Sustantivos
1	Presente	Presencia
2	Atento	
3	Obeso	
4	Pensar	
5	Natural	
6	Hundir	
7	Ausente	
8	Cocer	
9	Puro	
10	Capaz	
11	Prudente	
12	Devolver	
13	Hábil	
14	Sentir	
15	Áspero	
16	Pobre	
17	Correr	
18	Legal	
19	Solucionar	

2 Completa las siguientes frases con sustantivos del ejercicio anterior.

1. La **obesidad** es una de las enfermedades más extendidas en los países ricos.
2. Para conseguir una buena paella, la .... del arroz debe hacerse a fuego lento.
3. La .... de público obligó a suspender el acto.
4. No puede superar este examen. No tiene suficiente ....
5. Los países ricos deben hacer un esfuerzo para sacar al Tercer Mundo de su ....
6. Es un diamante de mucho valor. Tiene una gran ....
7. Los .... de Platón han llegado hasta nuestra época.
8. Hay que presentar el tique de compra para realizar la ....
9. No acudió a la reunión aunque su .... era imprescindible.
10. Leonardo Di Caprio protagonizó una película sobre el .... del Titanic.
11. Hay que encontrar la .... definitiva para este problema.
12. Para conducir con seguridad es necesario tener ....
13. Es muy reservado. Nunca expresa sus ....
14. Las últimas lluvias han provocado graves .... de tierra.
15. El cambio climático está alterando los ritmos de la ....

3 Completa el texto con sustantivos derivados de las palabras entre paréntesis.

Nervios ante los exámenes

Uno de cada cinco universitarios españoles siente niveles de ansiedad graves ante la (1) <u>realización</u> (realizar) de un examen. El 77 % de las mujeres se encuentra ante la (2) .... (necesitar) de un (3) .... (tratar) para afrontar la ansiedad que les provoca la hoja en blanco frente a un 23 % de los hombres. Estos datos provienen de un estudio titulado "Ansiedad ante los exámenes: una (4) .... (evaluar) de sus (5) .... (manifestar) en los (6) .... (estudiar) españoles", recogidos en 16 universidades. Las chicas de Ciencias de la Salud entre los 19 y 20 años son las más afectadas por la ansiedad. La (7) .... (preocupar) excesiva, los (8) .... (pensar) negativos y la (9) .... (inseguro) minutos antes de la prueba son sus principales enemigos.

4 🔊 6 Escucha la audición y di a qué personaje, Pilar o Esteban, corresponde cada una de estas afirmaciones.

1 Tiene hijos: *Pilar*
2 No tiene hijos: ....
3 Tiene pocos amigos: ....
4 Tiene muchos amigos: ....
5 Le gusta salir con sus amigos: ....
6 Le gusta charlar con sus amigos: ....
7 Es muy sociable: ....
8 Es menos sociable: ....

5 Escucha de nuevo y contesta a las siguientes preguntas.

1 Según el estudio australiano, ¿qué cosas mejoran con la amistad?

2 ¿A lo largo de cuántos años se estuvo haciendo el estudio?

3 ¿Qué edad tenían las personas encuestadas?

4 ¿En qué época de la vida interrumpió Pilar las relaciones con sus amigos?

5 En la actualidad, ¿por qué considera Pilar importantes a los amigos?

6 ¿Qué ha compartido Esteban fundamentalmente con sus amigos a lo largo de su vida?

7 ¿Qué es para Pilar un amigo?

8 ¿Qué es un amigo para Esteban?

9 ¿Qué tipo de actividades realiza Pilar actualmente con sus amigos?

10 ¿Qué tipo de actividades realiza Esteban actualmente con sus amigos?

B EL AMOR ETERNO

1 Relaciona el principio con el final de cada frase.

1 Esta es la clínica...
2 ¿No es esta la casa...
3 No hay nadie...
4 ¿Has devuelto el libro...
5 ¿Es esta la joven...
6 No encontré ningún sitio...
7 Este es el compañero...
8 ¿No recuerdas el año...
9 Esta es la foto...
10 Estos son los amigos...

a ... del que sacaste la información?
b ... de quien te hablé.
c ... en el que se casó tu hermano?
d ... en la que nací.
e ... en la que vive Ángel?
f ... en quien se pueda confiar.
g ... en la que salgo con mis amigos.
h ... con quien he hablado por teléfono?
i ... con los que me voy de viaje.
j ... en el que se pudiera aparcar.

4

2 Une las frases para formar oraciones de relativo con preposición.

1. Vivo en una calle del centro. Es muy difícil aparcar.
   Vivo en una calle del centro en la que es muy difícil aparcar.
2. Este es el amigo de Arturo. Queríamos invitarlo a nuestra fiesta.
3. Estuvimos ayer con mi prima Rosa. Te hablé de ella en mi última carta.
4. Estuve en el campo de fútbol del barrio. Allí jugábamos de pequeños.
5. He encontrado una casa preciosa. Me gustaría vivir en ella.
6. Necesitamos una persona. Le encargaremos el cuidado de nuestros hijos.
7. Este es el problema. Ustedes querían hablar con él.
8. Esta es la empresa ideal. Me gustaría trabajar en ella.
9. Pasamos unas vacaciones en la playa. Toda la familia disfrutó muchísimo.
10. Son buenos jugadores. Se puede confiar en ellos para formar un equipo.

3 Completa las frases utilizando oraciones de relativo con preposición. Escribe las dos posibilidades, como en el ejemplo, cuando sea posible.

1. (La policía está buscando a un ladrón).
   "El Pera" podría ser el ladrón al que está buscando la policía.
   "El Pera" podría ser el ladrón a quien está buscando la policía.
2. (Alfonso trabaja en una empresa).
   Alianza es la empresa ....
3. (Necesitamos un vehículo para hacer el viaje).
   Nuestro coche podría ser el vehículo adecuado
4. (Irene estuvo casada con un alemán).
   He conocido al alemán ....
5. (Hablamos a diario con muchos clientes).
   Ustedes son algunos de los clientes ....
6. (Estuve de vacaciones en un hotel).
   En esta foto se ve el hotel ....
7. (Te dije que me iba a vivir a una casa nueva).
   Esta es la casa ....
8. (María me presentó a un amigo suyo).
   Antonio es el amigo ....
9. (Comimos en un restaurante estupendo).
   Te voy a dar el teléfono del restaurante ....
10. (Gasol juega en la NBA).
    La NBA es la liga ....

4 Completa con los relativos correspondientes. Suele haber más de una opción.

1. A veces me pregunto qué será de mí el día <u>en que/ en el que</u> me jubile o tenga una crisis de edad .... te preguntas: ¿qué he hecho en mi vida?
2. Hay 23 mujeres en la alta dirección, ... más de la mitad tienen hijos.
3. José es el hombre .... quiero, y voy a casarme con él.
4. Aquella mañana .... Paz llegó tarde a la escuela había soñado precisamente eso, que llegaba tarde a la escuela.
5. La protagonista de mi historia, ... regalé el libro y .... amaba profundamente, quedó condenada a no hacer nada más que leer novelas policíacas el resto de su vida.
6. Salieron a un gran patio .... se alzaban cuatro edificios: la casa principal, el chalé de invitados, el granero .... acababan de salir y el garaje de tres plazas.
7. Ricardo aparentaba ser un hombre .... se podía confiar.
8. Cecilio estaba cansado de luchar. Recordó los tiempos .... se esforzaba por sacar adelante el negocio.
9. Recibió un telegrama .... le informaba del día y la hora de llegada del barco.
10. Estaban en el sótano de una casa .... habían llegado después de una cuesta llena de barro.

5 Lee el texto y completa con las palabras del recuadro. Puede haber más de una opción.

> lo que (x 2) • ~~con la que~~ • con el que • a lo que • en las que • de quien
> a las que • a quienes • con quienes

¿POR QUÉ SE COMPLICA TANTO EL AMOR?

Hasta hace unos años, la felicidad del hombre consistía en casarse con una mujer (1) con la que tener hijos sanos y una casa bien organizada. Y la de la mujer, en tener un marido trabajador (2) _____ se pudiera decir que era un buen padre. Pero se ha producido un cambio trascendental: ahora se desea una plenitud emocional. Por eso, actualmente es más difícil amarse. Los jóvenes creen que una relación dura (3) _____ dura. Así, las parejas de ahora tienen más presente que existe la posibilidad de una separación, (4) _____ hace que se creen medidas de autoprotección.

Se piensa que cuando una pareja se casa después de haber convivido, este matrimonio está garantizado. Pero los sociólogos han comprobado que aquellos que se casan con personas (5) _____ ya han convivido previamente, tienen un riesgo de separación mayor que aquellas parejas (6) _____ la convivencia ha sido menor. ¿Cuál es la causa? Las parejas con convivencia previa suelen estar formadas por personas (7) _____ sobre todo les importa mantener su independencia. Son dos personas autosuficientes (8) _____ une el deseo de convivir, (9) _____ surge la pregunta: si son autosuficientes, ¿por qué quieren convivir?

Pero, a pesar del desconcierto, seguro que los hombres y las mujeres acabaremos por encontrar una solución. Hay una teoría en la que creemos: el único amor duradero es aquel (10) _____ se alcanza la propia felicidad procurando al mismo tiempo la del otro.

6 Elige la respuesta adecuada para las siguientes preguntas.

1 ¿Por qué afirma el texto que las relaciones de pareja han cambiado?
  - a Porque las mujeres ya no quieren tener hijos.
  - b Porque los maridos ya no son buenos padres.
  - c Porque ambos miembros de la pareja desean una mayor intensidad afectiva en la relación.

2 ¿Por qué fracasan los matrimonios aunque hayan convivido previamente?
  - a Porque no han convivido lo suficiente.
  - b Porque su libertad individual está por encima de la pareja.
  - c Porque es mejor casarse sin haber convivido previamente.

3 ¿Cuál considera el texto que puede ser la solución para la pareja?
  - a Procurar una felicidad compartida.
  - b Mantener nuestra independencia.
  - c Renunciar a nuestra vida anterior.

4

C EL AMOR DE LOS ABUELOS

1 Lee el texto y complétalo con las siguientes frases. Hay dos que no se pueden utilizar.

- a que los políticos
- b leer en formato tradicional
- c que la de sus padres
- d son los tres pilares fundamentales
- e ver la TV
- f que más inquietan
- g las cuestiones medioambientales
- h que su estilo de vida
- i cuatro instituciones
- j que protagonizan
- k que la situación de las mujeres
- l que la actualidad

El futuro de la juventud

Los jóvenes españoles creen que vivirán mejor que sus padres, pero en otro país

Los chicos y chicas de 15 a 29 años son críticos con el valor de la amistad, comprometidos con las causas sociales y escépticos con sus representantes políticos

Los jóvenes españoles están preocupados por su futuro, pero la mitad de ellos (46 %) aún creen que tendrán una vida mejor (1) ....
Las cuestiones (2) ....
a los chicos y chicas de 15 a 29 años son las dificultades para poder trabajar en lo que les guste (49 %), conseguir una vivienda adecuada (48 %) o poder formar un hogar o familia y ser autosuficientes económicamente (41 %).

Prioridades: Educación, salud y familia son muy importantes; las amistades, no tanto

La salud (96 %), la educación (96 %) y la familia (95 %) (3) ....
para la juventud.
La investigación muestra que internet es el espacio en donde discurren y tienen lugar las cosas importantes y la mayor parte de la vida de los jóvenes. Las actividades (4) .... los usos de internet tienen que ver, principalmente, con la comunicación y el entretenimiento audiovisual: escuchar música (el 73 % del colectivo), ver películas o series *online* (70 %), navegar por canales en internet (70 %) y ver televisión (64 %).

Hábitos de ocio y entretenimiento

Leen más en papel, y uno de cada cuatro reconoce haber sufrido acoso digital.

Aunque se trata de una generación de nativos digitales, casi la mitad (42 %) declara (5) ....

Valores: Igualdad de género y sostenibilidad, sus banderas generacionales

A tenor de sus respuestas, los jóvenes están muy concienciados por (6) ....
siendo el cambio climático el principal problema de España para 8 de cada 10 jóvenes. Los datos de este último estudio señalan también que el 80 % de ellos considera que la protección del medioambiente debe ser una prioridad, y (7) .... es importante para la conservación del planeta, aunque una cuarta parte (25 %)

piensa que la crisis climática es una exageración.
La igualdad de género es muy importante para el 90 % de los jóvenes, quienes interpretan en su mayoría (8) ....
.... es peor que la de los hombres en lo que respecta a: los salarios (45 %), la presencia en puestos de toma de decisiones en el ámbito empresarial y político (43 %), el reparto de tareas (42 %), responsabilidades en el hogar (40 %), y el trato recibido en las redes sociales (un 42 %).
De sus respuestas se concluye que tienen una conciencia social alta, pero son autocríticos con su contribución en la construcción de una sociedad mejor. Más del 60 % sostiene que le gustaría vivir en una sociedad con personas de diferente origen, cultura y religión, es decir, en una sociedad diversa.
Los chicos y chicas menores de 30 años son escépticos respecto a la política y a la religión, y están muy distanciados de sus representantes en estas instituciones. El 71 % opina (9) ....
.... no los tienen en cuenta. Casi en la misma proporción afirman que los políticos anteponen los intereses de bancos y multinacionales a los intereses de los ciudadanos. Tan solo (10) .... del sistema democrático obtienen el respaldo mayoritario en términos de confianza entre los jóvenes: la Policía (58 %), las Fuerzas Armadas (58 %), las organizaciones ecologistas (55 %) y el sistema educativo (51 %).

Adaptado de www.lavanguardia.com/vivo/lifestyle/20210119/6185164/jovenes-espanoles-pandemia.html

2 Subraya la opción más adecuada.

1. Está nublado. Yo creo que **el / lo / él** mejor es coger el paraguas.
2. A ¿A quién te referías, al chico de la chaqueta gris? B No, **él / al / lo** de la chaqueta verde.
3. No te creas todo **el / él / lo** que te digan.
4. Ayer vi a Ángel. No sabes **el / lo** triste que estaba.
5. Yo no estoy segura. **El / Lo** que **él / el / lo** vio todo fue Juan.
6. ¿Quién fue **él / lo / el** que tuvo la culpa?
7. ¿Quién es **el / lo / él** que más te preocupa?
8. ¿Qué es **el / lo** que más te preocupa?
9. Antes de hablar, piensa en **el / lo** que dices.
10. No hagas caso a Rodolfo. ¿Quién es **él / el / lo** para decirte **lo / él / el** que tienes que hacer?
11. No pienses en **el / lo** caro que salga. **El / Lo** importante es que se resuelva el problema.
12. **El / Lo / Él** que dijo que no venía, ha sido **el / lo** primero en llegar.
13. **El / Lo** más importante no es llegar el primero, sino participar.
14. Dime **el / lo** que te dijo. **Él / Lo** es de fiar.
15. Parece que **el / lo** que te informó **el / lo** tiene muy claro.
16. ¿Te has enterado de **el / lo** que ha pasado?

3 Reescribe las frases, como en el ejemplo.

1. Las amigas de Juanjo hablan mucho.
   No te puedes imaginar lo que hablan las amigas de Juanjo.
2. Cuando llego a casa del trabajo, estoy muy cansado.
   No sabes ....
3. Me ha costado muy caro arreglar el coche.
   No veas ....
4. Ayer por la noche llovía muchísimo.
   No te imaginas ....
5. La última película de Almodóvar me gustó muchísimo.
   No te puedes imaginar ....
6. Me salió muy bien el examen.
   No veas ....
7. Tenía muchísimas ganas de verte.
   No te imaginas ....
8. El año pasado te eché mucho de menos.
   No sabes ....
9. Se ha enfadado muchísimo por lo que ha pasado.
   No te puedes imaginar ....
10. Mi hermana se ha hecho una casa preciosa.
    No te imaginas ....
11. El coche nos ha costado carísimo.
    No veas ....
12. El polideportivo está muy lejos del hotel.
    No te puedes imaginar ....

4 En cada una de las siguientes frases hay un error. Corrígelo.

1. No sabemos <u>de quien</u> confiar. <u>en quien</u>
2. Si necesitas dinero, yo puedo prestarte que quieras.
   ....
3. Andrés, ha venido un comercial quien pregunta por ti.
   ....
4. ¿A que no sabes el qué vimos ayer en el parque? A Pedro.
   ....
5. No sabes los diferentes que son los hijos gemelos de Andrea.
   ....
6. Tras un largo rato donde se dedicó a telefonear a sus amigos, se puso a escribir nombres en su cuaderno.
   ....
7. No hagas caso de que te dijo Marcelo, él no te conoce bien.
   ....
8. Ahora mismo no recuerdo el nombre de la empresa para que trabaja mi hermana.
   ....
9. ¿Te has fijado la guapa que está Montse con ese nuevo peinado?
   ....
10. ¿Te has enterado lo de Aurora? Parece que se va a Canadá con una beca importantísima.
    ....
11. Este es el restaurante el que celebraron mis tíos su boda.
    ....
12. Ahora bajaremos a la sala la cual están expuestas todas las esculturas.
    ....
13. Este es el pueblo el cual te hablé ayer.
    ....

Albarracín (Teruel)

PROCESOS Y ESTRATEGIAS 2 — UNIDADES 3 Y 4

ESCUCHAR

1 ¿Has oído hablar del *real food* o comida real? Es una de las últimas tendencias en lo que se refiere a alimentación saludable. Escucha el siguiente pódcast sobre este tema y toma notas.

MEDIACIÓN ORAL

2 Después de haber tomado notas sobre el pódcast, cuéntale a tu compañero cuáles crees tú que son los puntos más interesantes.

ESTRATEGIAS

Para tomar notas de una conferencia, un pódcast, un seminario, una reunión, etc., debes:
1. Ir anotando una serie de puntos.
2. Anotar algún ejemplo ilustrativo de cada punto.
3. Seleccionar lo más importante y resaltarlo.

LEER

3 Observa este gráfico relacionado con el texto de la pág. 28 de este cuaderno. Después, selecciona y resume la información más relevante.

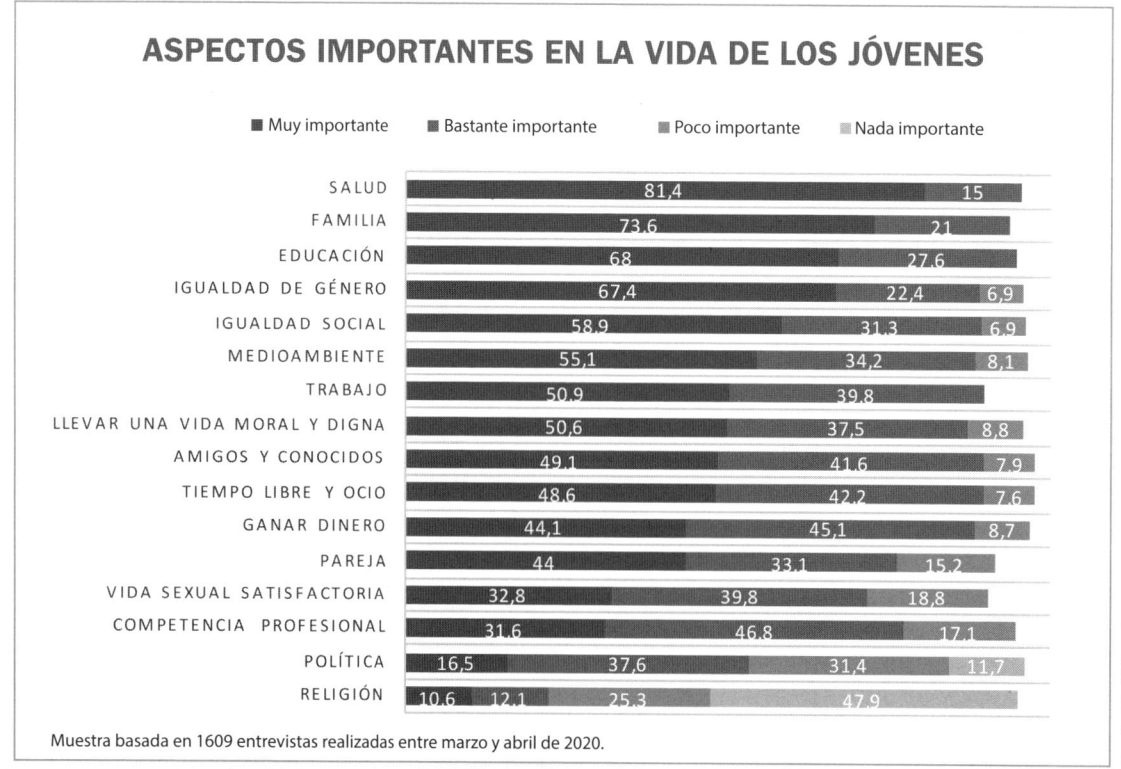

ASPECTOS IMPORTANTES EN LA VIDA DE LOS JÓVENES

Aspecto	Muy importante	Bastante importante	Poco importante	Nada importante
SALUD	81,4	15		
FAMILIA	73,6	21		
EDUCACIÓN	68	27,6		
IGUALDAD DE GÉNERO	67,4	22,4	6,9	
IGUALDAD SOCIAL	58,9	31,3	6,9	
MEDIOAMBIENTE	55,1	34,2	8,1	
TRABAJO	50,9	39,8		
LLEVAR UNA VIDA MORAL Y DIGNA	50,6	37,5	8,8	
AMIGOS Y CONOCIDOS	49,1	41,6	7,9	
TIEMPO LIBRE Y OCIO	48,6	42,2	7,6	
GANAR DINERO	44,1	45,1	8,7	
PAREJA	44	33,1	15,2	
VIDA SEXUAL SATISFACTORIA	32,8	39,8	18,8	
COMPETENCIA PROFESIONAL	31,6	46,8	17,1	
POLÍTICA	16,5	37,6	31,4	11,7
RELIGIÓN	10,6	12,1	25,3	47,9

Muestra basada en 1609 entrevistas realizadas entre marzo y abril de 2020.

Fundación SM

4 Expón a tu compañero los datos que se recogen en el gráfico anterior con los aspectos más importantes de la vida para los jóvenes.

Hay aspectos que son muy importantes para los jóvenes, en primer lugar...

5 Lee el siguiente texto y completa con las palabras del recuadro.

microalgas • productos • recursos
insectos • científicos • alimentos

ESTRATEGIAS

Para explicar datos recogidos en un gráfico debes:
1. Describir el tema que se trata en el gráfico y toda la información que se recoge en dicho gráfico.
2. Presentar las tendencias expuestas en el gráfico.
3. Seleccionar e interpretar la información más importante y relevante de los datos empíricos presentados gráficamente.

Así será **la comida del futuro** ante la sobrepoblación

La ONU calcula que en 2050 habrá que dar de comer a 10 000 millones de personas en un planeta con (1) .... alimenticios limitados e incluso menguantes debido al cambio climático. De hecho, para alimentar a todo el planeta en los próximos treinta años la producción de (2) .... deberá crecer un 70 %.

Así, la sobrepoblación y la sostenibilidad están llevando a que los (3) .... y la industria alimentaria trabajen activamente en nuevas vías para afrontar el reto de alimentar a toda la población. En este contexto, cobran fuerza diferentes opciones, como la comida a base de (4) .... como fuente alternativa de proteínas, sobre todo en los países en vías de desarrollo; el cultivo de (5) ...., la creación de carne artificial o el cultivo de (6) .... en zonas improductivas, así como la elaboración de alimentos para quienes tengan alguna enfermedad o necesidad específica.

www.eleconomista.es

ESCRIBIR

6 Escribe tu opinión sobre el texto del ejercicio anterior.

ESTRATEGIAS

Para escribir un texto de opinión:
1. Debes presentar las ideas a favor o en contra de un tema.
2. Es importante señalar las ideas del texto que vayas a comentar y presentar tu opinión sobre ellas.
3. Para ordenar bien las ideas y argumentar tu opinión debes utilizar conectores argumentativos tales como:
   - *En mi opinión, yo creo, a mí me parece*
   - *Por una parte..., por otra...*
   - *Además, sin embargo, no obstante*
   - *Finalmente, en definitiva, en resumen...*

5 Consumo

A LA PUBLICIDAD

1 Muchas veces la publicidad exagera o transforma la realidad y el producto que compramos no se corresponde con lo que aparece en el folleto publicitario. Cuando esto sucede, ponemos una denuncia. Lee el siguiente texto y completa con las palabras del recuadro.

> copias • reclamación • usuarios • elaboración
> datos • empresa • solución • establecimientos
> oficial • consumidor • motivos • tramitación

Cómo presentar una denuncia a consumo

La Asociación General de Consumidores (ASGECO) ante una (1) reclamación de un consumidor a un empresario propone lo siguiente:
PRIMER PASO Intentar llegar a una (2) .... amistosa con el empresario.
HOJA OFICIAL Solicitar al empresario la hoja de reclamaciones (3) ....
Por imperativo legal, los (4) .... deben tener a su disposición un modelo específico de hoja de reclamaciones. Esta tiene tres (5) ....: una para el empresario, otra para el consumidor y otra para el Ayuntamiento. Con esta queda constancia de los (6) .... del reclamante y del reclamado, fecha y los (7) .... de la reclamación.
La administración posteriormente se va a dirigir a la (8) .... reclamada para intentar llegar a una solución, e informará al (9) .... de los resultados de su mediación.
ACUDIR A El consumidor puede acudir a una organización de consumidores y (10) .... para recibir información sobre los derechos que le asisten, beneficiarse de una asistencia en la (11) .... de escritos de reclamación así como en la (12) .... de procedimientos judiciales o arbitrales.

(Adaptado de *Latino*)

2 Lee lo que dice un importante publicista acerca de la importancia de las fases de un anuncio publicitario y señala si las afirmaciones son verdaderas (V) o falsas (F).

LAS FASES DE UN ANUNCIO PUBLICITARIO

Los anuncios tienen diferentes fases a tener en cuenta para hacer efectivo el modo en el cual se quiere comunicar el mensaje. Para ello, antes de realizar un anuncio publicitario hay que pensar el mensaje que se va a comunicar, a través de qué medio (verbal, escrito, etc.) y durante qué plazo de tiempo.
Según estas pautas, obtenemos las siguientes fases de un anuncio:

- En anuncios de productos culinarios, es más efectivo mostrar el plato completamente acabado, que no los elementos (los ingredientes) que lo forman.
- Si se utilizan personas en el anuncio, se optará por escoger personajes famosos, pues incrementan el nivel de captación y atención del producto publicitado.
- La composición del anuncio deberá ser lo más simple posible y que este incluya una sola figura, para captar el centro de atención.
- Los colores que emplearemos en el anuncio juegan un papel muy importante, porque llaman la atención sobre el anuncio.
- Algunos temas de la historia resultan aburridos, por lo que es mejor optar por animales, bebés o imágenes de contenido "erótico", que es lo que agrada al público.
- En lo que se refiere a modelos humanos, el rostro nunca se representará más grande de su tamaño natural.

(Adaptado de www.fotonostra.com)

1 Para que los anuncios sean efectivos es imprescindible que cumplan ciertas fases. ☐
2 En los anuncios relacionados con las comidas es imprescindible que aparezcan los ingredientes. ☐
3 La razón por la que se eligen personas famosas para los anuncios es porque el público así lo demanda. ☐
4 Cuanto más elaborado es un anuncio mejor es su calidad. ☐
5 El papel más importante en un anuncio es el desempeñado por los colores y los animales. ☐

3 A continuación te presentamos unos eslóganes de diferentes productos. Tú has comprado esos productos pero no se ha cumplido el eslogan. Quéjate a un amigo/a.

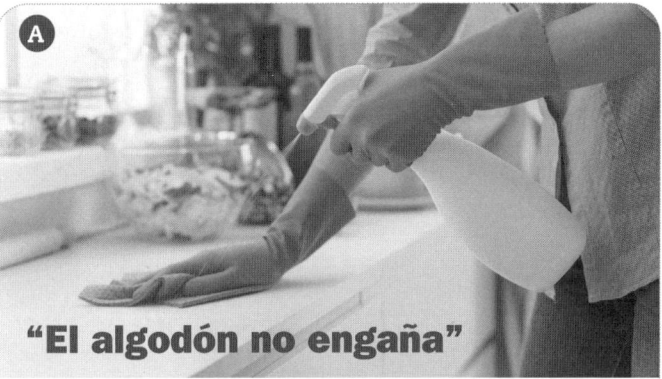

"El algodón no engaña"

En el anuncio decía que el algodón no engañaba, pero yo he limpiado mi cocina con ese producto y no me ha quedado muy limpia.

"Llévate tu tarifa nacional al extranjero por solo 0,99 € más por llamada"
....
....

"No compre sin ton ni son, compre Thomson"
....
....

"Siguen alumbrando cuando otras se queman"
....
....
....
....
....
....

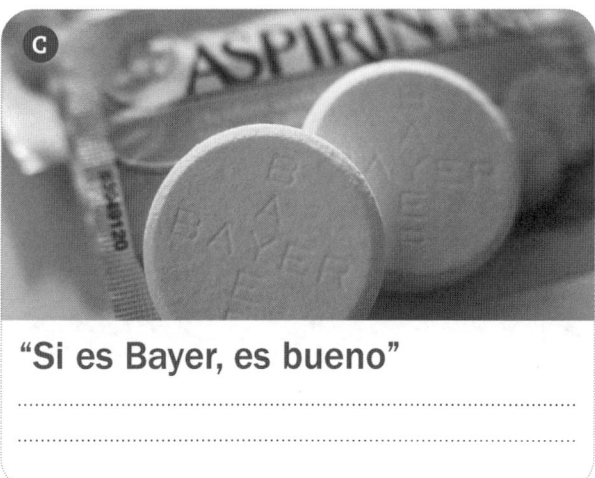

"Si es Bayer, es bueno"
....
....

"Preocúpate de nada"
....
....

5

4 Completa los siguientes diálogos.

A

DIÁLOGO DE UNA PAREJA DE NOVIOS:

ADRIÁN: ¿Vienes al cine esta noche?
PAULA: No. No me gusta ninguna de las películas que ponen y además no me encuentro muy bien, me duele la cabeza y tengo escalofríos.
(10 minutos más tarde Paula se encuentra con su amiga María)
PAULA: ¿Sabes María?, Adrián me ha invitado al cine esta noche...
MARÍA: ¿Y qué le has dicho?
PAULA: Que no, que no me gustaba ....
....
....
....

C

DOS AMIGOS:

MARINA: ¿Te puedo pedir un favor?
LUCAS: Claro.
MARINA: Necesito que vayas a mi casa y que me traigas los apuntes que dejé encima de la mesa. Es un trabajo muy importante para la profesora y lo tengo que entregar hoy.
(Quince minutos más tarde Lucas se encuentra con un amigo...)
AMIGO: ¿Adónde vas con tanta prisa?
LUCAS: Es que Marina me ha pedido que ....
....
....
....

B

POR LA CALLE. DOS AMIGOS CAMINAN Y UNO PREGUNTA POR UNA DIRECCIÓN A UNA DESCONOCIDA...

A: Disculpe, ¿para ir a la calle Ramón González?
B: Sigan todo recto y giren a la izquierda en la segunda calle. Caminen un poco más y cuando encuentren una pastelería vuelven a girar a la izquierda y ya la encontrarán.
(Uno de los amigos le pregunta al otro)
C: ¿Qué te ha dicho?
A: Que ....
....
....
....
....

5 🎧 8 Escucha a las siguientes personas hablar sobre su situación actual y sus hipotecas. Contesta a las preguntas.

1. ¿Qué otros gastos preocupan a Isabel y a José Ángel, además de la subida de su hipoteca?
....

2. ¿Qué temor tienen Isabel y José Ángel?
....

3. ¿Qué les ha ayudado a Isabel y a José Ángel a lanzarse a la compra de la casa?
....

4. ¿Qué significa "a salto de mata"?
....

5. ¿Crees que María y Juanjo son unos despilfarradores?
....

6. ¿Por qué no son capaces de ahorrar María y Juanjo?
....

B DINERO

1 Lee el siguiente artículo y completa los huecos con una de las palabras del recuadro. ¡Cuidado! Hay más palabras que huecos.

> desinteresada • pueden • prioritario • conciliar
> bienestar • fuente • lucrativas • perciben • cuestiones
> circunstancias • disponer • estabilidad

El 20 % de los españoles necesita "mucho más dinero" para sentirse feliz

El 20 % de los españoles asegura que necesitaría mucho más dinero del que tiene para sentirse feliz, y el 53 % reconoce que ha tenido problemas para (1) .... el sueño debido a un problema económico, según desvela el último Barómetro sobre vida, dinero y felicidad. El estudio pretende conocer la relación de los españoles con el dinero, y entre sus conclusiones también se recoge que el 60 % de los españoles señala que, aunque está contento con lo que tiene, no sería feliz con menos dinero, mientras que el 20 % restante dice que incluso con menos dinero seguiría siendo feliz. En esa línea, el 90 % de los encuestados afirma que el dinero da tranquilidad y el 52 % apunta que es una (2) .... de problemas.

Por otro lado, la mayoría de los entrevistados asegura que el dinero no es algo (3) .... en su vida y lo sitúa por debajo de la familia, que es la prioridad para los españoles, seguida de la salud, el amor, la amistad y el bienestar emocional. Por detrás de lo económico están la carrera profesional, el ocio, la solidaridad y la religión

Sinónimo de autoridad e influencia

El estudio también refleja que los españoles (4) .... el dinero como un sinónimo de autoridad e influencia. El 66,67 % declara estar muy de acuerdo con que el dinero significa poder y, de hecho, el 12 % señala que ha tenido éxito personal por (5) .... de él, y el 13 % reconoce que ha hecho un gasto innecesario para impresionar a terceras personas.

A pesar de ello, solo un 5 % reconoce que se ha sentido atraído por alguien solo por dinero, y el 15 % señala que ha perdido a un amigo por (6) .... económicas. Uno de los responsables de este estudio ha explicado que con esta investigación buscan invitar a las personas a reflexionar sobre el papel que el dinero tiene en sus vidas. "Nuestro análisis refleja la importancia que tiene el dinero en la (7) ...., el bienestar y la felicidad de las personas, hasta el punto de ser capaz de cambiar su personalidad".

En ese sentido, solo el 14 % de los encuestados asegura que tener más o menos dinero no cambiaría su forma de ser, mientras que el 26 % señala que sus (8) .... económicas afectan mucho a su carácter y personalidad. El 60 % cree que los cambios en su economía modificarían su vida, pero no su forma de ser. En cuanto a si entregarían dinero a terceras personas de forma (9) ...., aunque esto les perjudicase, el 70 % asegura que sí lo haría si fuesen familiares o amigos en apuros, el 28 % sí se lo entregaría a causas benéficas y necesitados y solo el 12 % lo destinaría a apoyar a emprendedores e iniciativas interesantes, aunque sean (10) ....

Adaptado de www.europapress.es/economia

5

2 Relaciona.

1	Interés	a	variable
2	Hipoteca	b	hipotecario
3	Préstamo	c	base
4	Sueldo	d	en blanco
5	Cheque	e	corriente
6	Descuento	f	de crédito
7	Factura	g	del 40 %
8	Cuenta	h	electrónica
9	Resguardo	i	joven
10	Tarjeta	j	de matrícula

3 Transforma en estilo indirecto estas frases.

1 "¡Ojalá me toque la lotería!".
 David dijo que ojalá le tocara / tocase la lotería.
2 "El director de la empresa ha fallecido".
 En la TV han informado de que ....
3 "No soportamos que la gente fume en los pasillos".
 Lourdes y Miguel se quejaban de que la gente
 ....
4 "Lávate los dientes".
 Manuel le pidió a su hija que ....
5 "No se puede copiar".
 Pilar ha prohibido que ....

6 "Acérquense y miren los nuevos productos".
 El vendedor sugirió que ....
7 "Hay que ahorrar más para levantar la economía".
 El presidente del Gobierno instó a los ciudadanos a que ....
8 "¡Cuantas más estrellas haya más gente pensará en mí!".
 ¿Recuerdas aquella canción que decía que ....?
9 "Mañana finaliza el plazo de inscripción".
 La carta de ayer advertía que ....
10 "Vosotros seréis mis sucesores".
 Mi tío nos aseguró que ....

C COMERCIO JUSTO

1 Completa las siguientes secuencias con el adjetivo adecuado. El adjetivo se forma con un sufijo.

1 una mayoría (que aplasta) aplastante
2 comida (que abunda) ....
3 un caballero (que anda) ....
4 un platillo (que vuela) ....
5 un tipo (que repugna) ....
6 un calor (que agobia) ....
7 el agua (que corre) ....
8 el sol (que nace) ....
9 una medida (que urge) ....
10 una persona (que cree) ....
11 un profesor (que exige) ....
12 una belleza (que difiere) ....
13 un punto (que coincide) ....
14 un rotulador (que permanece) ....
15 un dolor (que preocupa) ....

2 El sufijo -oso/-a/-os/-as puede presentar las variantes -uoso/-a/ -os/-as o la variante -uso/-a/-os/-as. Escribe los adjetivos correspondientes. Consulta tu diccionario.

1 lujo: lujoso
2 confusión: ....
3 afecto: ....
4 vista: ....
5 majestad: ....
6 crema: ....
7 capricho: ....
8 agua: ....
9 defecto: ....
10 animación: ....
11 monstruo: ....
12 difusión: ....
13 virtud: ....
14 ruido: ....
15 ímpetu: ....

3 Completa la columna de los adjetivos utilizando los sufijos del recuadro.

-ble/-es • -ico/-a/-os/-as • -al/-ales
-oso/-a/-os/-as • -ivo/-a/-os/-as • -nte/-es

	SUSTANTIVOS	ADJETIVOS
1	lavar	lavable
2	dolor	
3	escalofrío	
4	arcilla	
5	asma	
6	verde	
7	cáucaso	
8	cantar	
9	afecto	
10	teatro	
11	año	
12	amor	
13	olor	
14	trópico	

4 Construye frases con cada uno de los adjetivos resultantes en el ejercicio anterior.

1 He comprado un sofá con una funda lavable.
2 ....
3 ....
4 ....
5 ....
6 ....
7 ....
8 ....
9 ....
10 ....
11 ....
12 ....
13 ....
14 ....

5 Completa las frases con el adjetivo derivado de los verbos o sustantivos del recuadro.

educar • calor • celos • independencia
horror • penetrar • profesión • poder
comprender • ~~lavar~~

1 La funda nórdica que has comprado no es lavable.
2 Este verano ha sido uno de los más .... que yo recuerdo.
3 Es muy .... en su trabajo. Siempre se puede contar con él.
4 Es un niño muy .... No hay que estar detrás de él.
5 El examen ha sido .... Yo creo que lo voy a suspender.
6 El político del que te hablé es uno de los hombres más .... del país.
7 ¡No puedes hablar con nadie! Yo creo que tu novio es demasiado ....
8 Me molesta mucho ese olor. Para mi gusto, es demasiado ....
9 Le compré un cuento a mi sobrina porque me parece más .... que una muñeca.
10 Es un jefe muy .... En cuanto le explicaste el problema, te dejó salir del trabajo.

6 Lee los consejos y señala cuáles cumples habitualmente. Coméntalos con tu compañero.

• Yo, normalmente, antes de ir a comprar hago una lista de lo que necesito.
■ Yo solo lo hago cuando voy al supermercado.

CONSEJOS PARA UN CONSUMO RESPONSABLE

La organización Ecologistas en Acción ha publicado una serie de consejos para un consumo responsable en fiestas y celebraciones; son estos:

❶ Antes de comprar algo, reflexiona detenidamente si realmente lo necesitas o si solo te estás guiando por la publicidad.
❷ Si te decides a comprar algo, averigua muy bien de qué materia prima se fabrica, en qué forma su proceso de manufacturación impacta al medioambiente y si genera algún daño o injusticia social.
❸ También considera qué impacto al medioambiente tiene el uso de lo que piensas comprar.
❹ Cada vez que compres algo, debes pensar en los residuos y la basura que genera.
❺ Evita los productos de "usar y tirar", si no son estrictamente necesarios.
❻ Rechaza las bolsas de plástico que dan en supermercados y comercios; si puedes, lleva tus propias bolsas de tela, de papel o de cartón.
❼ Compra el contenido y no el envase. Muchas veces se paga más por los envoltorios que se tiran directamente a la basura que por el contenido.
❽ Recicla antes que comprar, muchas de las cosas que están para tirar pueden volver a utilizarse de otras maneras y formas, usa tu imaginación.
❾ Evita las latas y los productos muy envasados. Las fiambreras y los tarros de cristal son una forma más ecológica que guardar los alimentos en plástico y aluminio.
❿ Elige productos con envases retornables o reutilizables.

(Fuente: http://www.vivosano.org/es)

6 Medios de comunicación

A INTERNET

1 Lee el siguiente texto y complétalo con las siguientes palabras.

red • difusión • incapacidad • falsas • datos • perjudicar • digital • determinar • colaboraciones • publicar

Internet en tiempos de *fake news*

Las noticias (1) .... se han convertido en uno de los principales problemas de la era (2) .... Miles de *fake news* han circulado por la (3) .... en los últimos años con el objetivo de engañar al mayor número de usuarios posibles con información fraudulenta acerca de personas, instituciones o gobiernos para (4) .... a unos y beneficiar a otros. No se trata de un fenómeno nuevo, pero la inmediatez y la facilidad para (5) .... contenido con apariencia de veraz en internet le han dado una nueva magnitud, hasta el punto de que es difícil (6) .... si un suceso de última hora es real o no.

Los principales mecanismos de (7) .... de estas informaciones son las grandes plataformas sociales de internet. Las respuestas de estas plataformas frente a las informaciones falsas son desiguales, pero en todas ellas se puede adivinar una misma constante: la (8) .... para eliminarlas por completo. Facebook, Google, Twitter o LinkedIn han implementado en los últimos años medidas para tratar de contener la difusión de *fake news*, desde mejorar los algoritmos de control hasta iniciar (9) .... con medios de comunicación y verificadores de (10) .... pero en la práctica las noticias falsas se siguen difundiendo, aunque con menor impunidad que antes.

https://www.xataka.com

2 Conjuga los verbos que aparecen entre paréntesis.

1 Tienes que estudiar más para *aprobar* (tú, aprobar).
2 No me vuelvas a contar mentiras para que te .... (yo, perdonar).
3 No os presentasteis en la fiesta con el fin de que os .... (ellos, echar de menos).
4 Paramos en mitad de la carretera con el fin de .... (nosotros, evitar) un accidente.
5 ¿Que te llamó para que le .... (tú, decir) dónde estaba su libro? No me lo puedo creer.
6 Tus amigos nos invitaron precisamente con el objeto de que no .... (nosotros, ir).
7 Llámalo y díselo para que no .... (él, comprar) nada.
8 Si pretendes encontrar algo que has perdido, es mejor no buscarlo para .... (encontrarlo) más rápido.
9 Tú no tienes la razón ni la tendrás, que .... (tú, enterarse).
10 Él vino a .... (hablar) contigo.

3 Relaciona. Alguna frase puede tener más de una solución.

1 Marina llamó a sus padres… **e**
2 Salimos a la calle… ☐
3 Recuerdo que escondí el diario… ☐
4 Daréis una fiesta en la urbanización… ☐
5 Se han apuntado al gimnasio… ☐
6 Carmen, grita, … ☐
7 No me vuelvas a llamar… ☐
8 Sofía salió corriendo… ☐

a … con el objeto de que mis hermanos no lo encontrasen nunca.
b … con el fin de adelgazar.
c … para ver cómo llovía.
d … para que vayan todos los vecinos.
e … con el fin de que le dejaran más tiempo.
f … a ver qué pasaba.
g … que te oiga todo el mundo.
h … para que te saque las castañas del fuego.

4 Escribe un final para estas frases utilizando *para (que), con el fin de (que), con el objeto de (que), que*.

1 Te llamé esta mañana ....
2 Le dio una patada a la pelota ....
3 Tendrían que mandar un correo ....
4 Es conveniente que dejen de ver tanta televisión ....
5 Me sorprende que digas eso ....
6 Jamás te lo conté ....

5 Lee el siguiente texto sobre los inicios de la televisión en España y señala si las siguientes afirmaciones son verdaderas (V) o falsas (F).

El nacimiento y la llegada de la televisión

El 28 de octubre de 1956 comenzaron oficialmente las emisiones regulares en España. Los programas inaugurales se iniciaron a las 20:30 y el contenido consistió en la retransmisión de una misa, unos discursos oficiales, la exhibición de dos entregas del NO-DO[1], unos reportajes filmados y las actuaciones de unas orquestas y de los Coros y Danzas falangistas[2]. Las emisiones se hacían desde un chalé del Paseo de la Habana madrileño que disponía de un minúsculo plató de unos cien metros cuadrados. Durante casi tres años TVE fue una televisión local con ámbito de cobertura limitado exclusivamente a la ciudad de Madrid.

Dos años y medio más tarde, en febrero de 1959, coincidiendo con un partido de fútbol Real Madrid - F.C. Barcelona, se estrena el servicio en las ciudades de Barcelona y Zaragoza. A pesar de que parece una exageración, la prensa de la época subrayó que se acabaron todos los televisores que estaban a la venta en la Ciudad Condal.

La expectación, ya al margen del fútbol, de 'la noche del estreno' se repitió en todos los sitios. Entre muchos ejemplos puede citarse la narración que el escritor leonés Julio Llamazares hace en uno de sus libros sobre la catarsis que supuso a los habitantes de su pueblo la visión de los primeros programas de televisión en 1963.

Los argumentos explicativos del éxito de la televisión son diversos pero, al margen de los deseos de la industria electrónica o del poder político, quizá se encuentre el que la pequeña pantalla parece satisfacer una demanda mayúscula de ocio casi gratuito y doméstico no satisfecha completamente por otras formas de entretenimiento social.

Muchos comentaristas de prensa, por lo menos hasta 1960, dudaban de que la televisión se consolidara en nuestro país. Las gotas de escepticismo llegaban hasta voces autorizadas: Enrique de las Casas, jefe de programas de TVE y más tarde director de la primera cadena, escribió en 1959 que "no olvidemos que por una serie de razones etnológicas y definitorias, el pueblo español no parece ser un consumidor nato de TV. Ni el clima, ni el estilo de vida, ni las cualidades imaginativas de la gran masa española parecen hacer de ella un buen cliente para la TV". Claramente el excelente profesional se equivocó en sus predicciones.

---
[1] NO-DO: noticiero que se proyectaba obligatoriamente en todos los cines españoles antes de la película entre 1942 y 1981.
[2] Falangistas: pertenecientes a la Falange Española, partido político de ideología fascista y nacionalsindicalista, fundado por José Antonio Primo de Rivera en 1933.

(Adaptado de http://recursos.cnice.mec.es)

1 Uno de los primeros programas que los españoles pudieron ver en la televisión fue de contenido religioso. ☐
2 Lo primero que los madrileños pudieron ver en la televisión fue un partido Real Madrid - F. C. Barcelona. ☐
3 Con motivo del partido del Real Madrid - F. C. Barcelona, se agotaron los televisores que había en venta en Barcelona. ☐
4 La llegada de la televisión forma parte, incluso, de la obra literaria de Julio Llamazares. ☐
5 El triunfo de la televisión se debe fundamentalmente a su diferencia con otro tipo de pasatiempo. ☐
6 Al principio, algunos periodistas eran reacios al éxito de la televisión. ☐

B SERIES

1 Elige la opción más adecuada.

1 ☐ Industria multa a Telefónica .... sus cabinas no devuelven cambio.
   a porque   b causa de   c por

2 ☐ No te lo diré, ... estoy muy enfadada contigo.
   a como   b que   c pues

3 ☐ Le quitaron el carné .... perder todos los puntos.
   a puesto que   b por   c porque

4 ☐ Dejaré de trabajar .... el embarazo.
   a a causa de   b ya que   c puesto que

5 .... hemos terminado pronto, podremos ir al cine.
   a Como   b Por   c A causa de

6 ☐ .... lo prometiste, ahora tienes que hacerlo.
   a Por   b Ya que   c A causa de

7 ☐ .... has bebido, es mejor que no conduzcas.
   a Puesto que   b Por   c A causa de

8 ☐ ¡Ten cuidado, ... te puedes hacer daño!
   a que   b a causa de   c por

9 ☐ .... haya suspendido no va a pasar nada.
   a Porque   b A causa de   c Puesto que

10 ☐ No .... hagas mucho deporte vas a adelgazar.
   a porque   b por   c pues

11 ☐ Cómpraselo, ... lo necesita.
   a ya   b pues   c por

12 ☐ .... no vamos a salir, puedes quitarte las botas.
   a A causa de   b Como ya   c Porque

2 Lee el siguiente texto sobre el éxito de las películas y las series españolas y complétalo con las siguientes frases (sobra una).

a por la relación calidad-precio
b no dejan de crecer y de convertirse
c ocupó el puesto número uno
d se convirtieron en estrellas
e dieron mucho que hablar
f por su calidad han conseguido
g explorar este mercado tan valioso

EL SECRETO DEL ÉXITO DE LAS PELÍCULAS Y SERIES ESPAÑOLAS

El único que lograba cruzar las fronteras y ganarse el amor del público era Pedro Almodóvar, pero ahora todo cambió. Las películas y series españolas (1) .... en éxitos internacionales. Gracias a plataformas como Netflix o Amazon Prime Video, cineastas o directores desconocidos pegaron su salto a la fama y (2) ....

La Casa de Papel tuvo un éxito inigualable, llegó a distintas partes del mundo, luego salieron otras ficciones como *Élite*, *Merlí*, *Vis a Vis*, *Vivir sin permiso* y *Las chicas del cable* que también (3) .... *El inocente*, la serie protagonizada por Mario Casas, (4) .... tanto de España como de otros países.

Según los especialistas, una de las razones por las que los films españoles son todo un éxito es (5) ....: "Lo que cuesta hacer *Las chicas del cable* en Estados Unidos es muchas veces más de lo que cuesta hacerlo en España". Evidentemente, las plataformas, de manera muy inteligente, han dicho, "¿Por qué no vamos a (6) ....?", expresó Gema Neira, directora de desarrollo en Bambú Producciones.

https://www.espectaculos.com.es

3 Completa con el verbo adecuado.

1. No ha llamado porque _estabais_ (estar, vosotros) viendo una serie.
2. Ana llamó al médico por teléfono no porque .... (tener) miedo, sino porque .... (estar) preocupada.
3. No quedes con ella porque te .... (dar) pena. Es peor para los dos.
4. Lo hago porque .... (querer, yo).
5. Ya que me .... (llamar, tú), saldré un rato contigo.
6. Puesto que me lo .... (decir, tú), no te reñiré tanto.
7. Porque .... (ser) de otra ciudad, no deberías tratarlos así.
8. Lo sé porque lo .... (ver) dejar el coche delante de tu casa.
9. No iré a tu casa, no porque .... (ser) tarde, sino porque .... (tener) mucho trabajo.
10. La eligieron por .... (ser) una de las personas que mejor CV tenía.
11. David, no se lo digas, que te .... (odiar) toda la vida.
12. Os eligieron no porque .... (cantar) bien, sino porque .... (trabajar) en el conservatorio.
13. Falleció por no .... (llegar) a tiempo al hospital.
14. No se lo compres porque .... (preferir) hacerlo ella misma.

4 Chus quiere dejar a su novio pero no quiere herir sus sentimientos. Observa el monólogo de Chus para intentar explicar a su novio la causa por la que ha decidido dejarlo. Ayúdala eligiendo los nexos más adecuados que aparecen en el recuadro. Recuerda que pueden aparecer varias veces o no aparecer.

> porque • por • como • a causa de
> ya que • puesto que • pues

Hola, Álex:
¿Qué tal? ¿Sabes? He estado dándole vueltas y vueltas al asunto de mi viaje a Cannes y... (1) _como_ estaré fuera de la ciudad bastante tiempo y... (2) .... nunca hemos estado tantos días sin vernos y... (3) .... es probable que pueda quedarme a trabajar allí, he pensado que tal vez, (4) .... todos estos inconvenientes, preferirías que nos diésemos un tiempo mientras dura mi estancia en Cannes.
Ya sabes que tú eres muy importante para mí, no solo (5) .... seas mi novio, sino (6) .... también eres mi mejor amigo.
Yo no sé muy bien qué hacer, (7) .... ya ha llegado el momento de irme y todavía no tengo las cosas muy claras....
Tal vez sea mejor que dejemos que el tiempo decida...

C PERIODISMO DIGITAL

1 Lee los titulares de las siguientes noticias. ¿A qué sección corresponden?

POLÍTICA   ECONOMÍA   SOCIEDAD   CIENCIA   CLIMA   INTERNACIONAL   CULTURA   OPINIÓN   DEPORTES

1. Asesinadas 168 personas en Sudán por la violencia entre grupos rivales
2. Rosalía anuncia una gira mundial con conciertos en varias ciudades de España
3. El Banco de España alerta sobre el cobro de comisiones en cuentas inactivas
4. La ministra de Sanidad dimite: "No he cometido ninguna irregularidad, lo he defendido y lo voy a seguir defendiendo"
5. Madonna pone en venta la mansión que compró hace un año
6. Esa corrupción de la que usted me habla
7. Tormentas: llegan este martes a todas las zonas
8. Más de 12 millones de espectadores vieron la final de la Copa del Rey
9. Un anticuerpo frena la propagación de tumores y previene la metástasis

2 Lee las siguientes noticias y selecciona el conector adecuado.

1. El Gobierno autonómico está destinando esta legislatura más de 216 000 euros en inversiones para mejorar el empleo en Almodóvar del Río, **además / por eso**, ha concedido 30 000 euros para la mejor accesibilidad del centro sociocultural de la localidad.
2. El entrenador del Sevilla afirma: "Hemos hecho un buen partido, **puesto que / aunque** el resultado marque otra cosa".
3. El coste por obtener un préstamo aumenta y será más caro **debido a / porque** la subida de los tipos de interés.
4. Muchas empresas del sector tendrán que cerrar **en consecuencia / puesto que** el Gobierno no será capaz de rescatar a todas las afectadas por esta crisis.
5. En la reunión mantenida ayer entre representantes de varios países no hubo objeciones a la propuesta y, **sin embargo / en consecuencia**, la nueva ley se aprobó por unanimidad.
6. Italia consigue un gran acuerdo con Argelia, **por tanto / pero**, se asegura el suministro de gas para los próximos años.

3 Lee la siguiente carta. Jesús es un fan de los artículos de una conocida revista. El pasado domingo se sintió muy defraudado porque salía publicada una entrevista al autor de esos artículos que él tanto aprecia. Tal fue su indignación por las palabras de su admirado escritor, que escribió una carta a la revista expresando su opinión. Complétala con las expresiones del recuadro.

> sin embargo • por lo tanto • por eso
> además • incluso • ~~en primer lugar~~
> al contrario • por otro lado • aunque

Muy señor mío:

(1) En primer lugar quería decirle que soy un admirador y lector suyo, por lo que acometí con entusiasmo la lectura de su entrevista en la revista de la semana pasada.
(2) ...., he de reconocer que me defraudó, por la cantidad de tópicos que utilizó. (3) .... de lo que yo pensaba, usted es una persona que se deja influenciar por lo que dicen los demás y,
(4) ...., según mi opinión, carece de personalidad.
(5) ...., quería decirle que no me gustó nada el tono que utilizó para hablar de la sociedad actual y
(6) .... me decidí a enviarle esta queja.
(7) ...., me gustaría comentarle que no debería meter a todo el mundo en el mismo saco e
(8) .... me atrevería a decirle que cada persona es diferente. Finalmente, debo confesarle que,
(9) .... su entrevista me ha defraudado seguiré leyendo sus artículos y juzgando sus opiniones.

Atentamente,

Jesús Méndez

4 🔊 9 Escucha la siguiente entrevista a un profesional acerca de los peligros que supone internet para los niños y contesta a las preguntas.

1 ¿Quién hace las preguntas?
   ....

2 ¿Cuáles son los mayores temores que deben tener los padres con respecto al uso que de internet hacen sus hijos?
   ....

3 ¿Por qué la policía no puede tomar medidas preventivas?
   ....

4 ¿Existe ahora mismo, según el entrevistado, un acuerdo internacional de actuación contra delitos tecnológicos?
   ....

5 ¿Quiénes pueden tomar medidas preventivas?
   ....

6 ¿Qué consejos da el entrevistado a los padres para controlar el uso de internet por parte de sus hijos?
   ....

PROCESOS Y ESTRATEGIAS 3 — UNIDADES 5 Y 6

ESCUCHAR

1 🔊 10 Vas a escuchar un pódcast sobre lo que los españoles valoran para ser felices. Escúchalo y toma notas.

ESTRATEGIAS

Para tomar notas:
Recuerda que para tomar notas debes ir apuntando los temas importantes sobre los que se habla, anotar algún porcentaje que te parezca importante, etc.

MEDIACIÓN ORAL

2 Después de haber tomado notas sobre el pódcast, cuéntale a tu compañero la información que has recogido.

3 Busca en internet algún artículo relacionado con este tema en tu país. ¿Qué valora la gente de tu país para ser feliz? ¿Coincide con las valoraciones de los españoles? ¿Existen puntos en común? ¿En qué se diferencian? Anota la información más relevante; establece similitudes y diferencias y cuéntaselas a tu compañero.

MEDIACIÓN ESCRITA

4 Hace unos meses contrataste el acceso a una plataforma digital y recibiste por correo electrónico tu confirmación de suscripción. Sin embargo, no se ha cumplido el periodo de prueba gratis y te han cobrado la suscripción desde el primer día. Además, has cancelado tu suscripción, pero te ha llegado el cargo igualmente. Lee con atención el correo de confirmación de tu suscripción a la plataforma digital y toma notas para preparar tu reclamación.

Estimado cliente:

Has aceptado la siguiente oferta:

App: Lemon TV

Suscripción: Lemon TV+

Fecha de aceptación: 3 de julio

Prueba: gratis durante 1 semana a partir del 3 de julio

Precio de la suscripción: 9,99 € / mes a partir del 10 de julio

Método de pago: Amex 1001

Tu suscripción se renovará automáticamente hasta que la canceles.

Para evitar el cargo, debes cancelar al menos un día antes de cada fecha de renovación.

Para obtener más información o cancelar, revisa tu suscripción.

Atentamente, el equipo de Lemon TV

Para obtener ayuda con las suscripciones y compras, ponte en contacto con el Soporte técnico de Lemon.

5 Entra en la aplicación para expresar por escrito tu malestar y hacer una reclamación por el incumplimiento de las condiciones del contrato.

ESTRATEGIAS

Para hacer una interacción escrita:

1 Cuando te quejas o protestas por escrito en un medio que te proporciona una interacción escrita rápida, por ejemplo, un foro, un comentario en una aplicación, un chat en un dispositivo, etc., el lenguaje que debes utilizar es similar al de la lengua oral: pedir aclaraciones, pedir ayuda con la formulación, incluir información complementaria, exponer el resultado deseado y aclarar malentendidos.

2 En estas situaciones suele ser menos prioritario producir un texto cuidadosamente estructurado y preciso.

LEER

6 Lee el siguiente artículo sobre la adicción a Instagram y completa los espacios en blanco con los siguientes conectores del discurso.

sin embargo • como • por eso • además • aunque

ADOLESCENTES ENGANCHADAS A INSTAGRAM:
hasta 100 minutos diarios en una red que las investigaciones califican de "tóxica"

Ana tiene 15 años e Instagram es su red social favorita. Ana va al instituto siete horas diarias y pasa otros 58 minutos dentro de la aplicación para compartir fotos. Ana no se imagina un día sin clicar en "Insta" y admite que en verano entraba incluso más minutos al día que ahora.
(1) ...., pone los ojos en blanco cuando se le pregunta si no cree que tiene un poco de adicción.

(2) .... hay infinidad de estudios que afirman que Instagram es perjudicial para los menores y especialmente "tóxica" para las adolescentes, no se hace lo suficiente para garantizar su seguridad.

Quizás una de las acusaciones más graves sea que Instagram actúa como los fabricantes de tabaco, es decir que promueve hábitos entre los menores para que se enganchen.

Las revelaciones, (3) ...., salen a la luz cuando Instagram cumple años y suma más de 1400 millones de usuarios en el mundo, un 25 % más que hace un año, en un aumento liderado por España, donde la red social ha crecido un 41 % y donde los menores pasan de media 100 minutos al día (608 horas al año) en Instagram.

El incremento coincide con el año de la pandemia de la COVID-19, cuando las pantallas han sido por meses la única vía de comunicación entre jóvenes y, (4) ...., los psiquiatras alertan de una peor salud mental juvenil.

Varios hospitales españoles han comenzado a alertar de la incidencia del abuso de internet, redes sociales y videojuegos en la salud mental de los adolescentes y, (5) .... es evidente que existe un incremento de trastornos graves de salud mental en chavales de 10 a 18 años, el hospital Gregorio Marañón de Madrid ha lanzado una alerta en la que urge a educar a los niños y adolescentes en un uso seguro de las redes sociales con motivo del día mundial de la Salud Mental.

Información extraída de: https://www.20minutos.es

7 Ocio

A CINEMATOGRAFÍA

1 Lee la biografía de Penélope Cruz y completa los huecos con las estructuras del recuadro.

en/de la que • a la que (x 2) • en el que • en las que • por la que (x 2) • donde • con la que

Biografía

Penélope Cruz nació el 28 de abril de 1974 en Madrid. Pronto se sintió atraída por el mundo del arte y de la interpretación, especialmente desde el momento (1) _en el que_ vio la película ¡Átame! en un cine de la plaza Mayor de Madrid. A partir de ese momento decidió ser actriz para poder llegar a cumplir un sueño: trabajar con Almodóvar. Estudió nueve años de *ballet* clásico en el Conservatorio Nacional de Madrid, cuatro años en diversos cursos en la Escuela Cristina Rota en Madrid, y tres años de *ballet* español con Ángela Garrido.

Carrera cinematográfica
La primera aparición notoria de Penélope fue su participación en el videoclip *La fuerza del destino,* del grupo Mecano.

Más adelante fue conductora de *La quinta marcha*, un programa de televisión orientado a adolescentes.

Las primeras películas (2) .... actuó fueron *Jamón, Jamón* (Bigas Luna, 1992), (3) .... salió potenciada con su imagen de *sex-symbol*, y *Belle Époque*, de Fernando Trueba, película que ganó el Óscar a la mejor película extranjera en 1993.

En 1997 protagonizó el papel de Sofía en *Abre los ojos*, película dirigida por Alejandro Amenábar, y (4) .... actuaba junto a Eduardo Noriega.

Su sueño de juventud se cumplió en 1997, cuando trabajó junto a Javier Bardem en la película de Pedro Almodóvar, *Carne trémula*, pero la película (5) .... agradece su fama mundial es otra de Almodóvar, *Todo sobre mi madre* (1999), película ganadora del Óscar a la mejor película extranjera.

En el 2000 dio el salto a Estados Unidos y actuó junto a Matt Damon en *All the pretty horses*, (6) .... siguieron otros trabajos en películas americanas. En el año 2004 protagonizó la película italiana *No te muevas*, (7) .... ganó el premio David de Donatello a la mejor interpretación femenina y fue candidata al premio Goya a la mejor actriz.

La siguiente colaboración entre Pedro Almodóvar y la actriz fue en *Volver* (2006), película que protagonizó y (8) .... ganó el premio a la mejor interpretación en el Festival de Cannes de 2006. El 23 de enero de 2007, gracias a *Volver*, se convirtió en la primera actriz española de la historia nominada a los premios Óscar 2006 a la mejor actriz.

En 2007, y también por su papel en *Volver*, recibió el Goya a la mejor interpretación femenina.

En 2008 obtuvo el Óscar como mejor actriz de reparto por *Vicky, Cristina, Barcelona*, de Woody Allen.

Un año después volvió a ser nominada a un Óscar por su participación en la película *Nine*.

En 2011 participó como coprotagonista en una de las entregas de la saga *Piratas del Caribe*.

En 2018 recibió la Medalla de Oro al Mérito en las Bellas Artes, concedida por el Gobierno de España y en 2019 recibió el Premio Donostia del 67 Festival de cine de San Sebastián. En 2022 ganó el Premio Nacional de Cinematografía.

Durante la última década ha participado en numerosas películas, entre las que destaca, *Madres paralelas*, película de Almodóvar (9) .... fue nominada al Óscar en 2022 en la categoría de mejor actriz protagonista y ganó la Copa Volpi en el Festival de Venecia.

2 Vuelve a leer la biografía de Penélope Cruz y contesta a las siguientes preguntas.

1 ¿Por qué decidió ser actriz?
....
2 ¿Para qué decidió ser actriz?
....
3 ¿Hasta cuándo tuvo que esperar Penélope para hacer realidad su sueño?
....
4 ¿En qué película trabajó por primera vez con Almodóvar?
....
5 Penélope trabajó en películas que recibieron algún Óscar o que, por lo menos, estuvieron nominadas a alguno. ¿Cuáles son esas películas?
....

3 Busca en la sopa de letras ocho palabras relacionadas con el cine.

```
D I R E C T O R W R Á
G D U S I J L A L O J
U E S T S A Ó M B D C
I L Á R Y U K J L A O
O Ñ R E D A S E A J Y
N L U N E F G H G E A
S P R O D U C C I Ó N
D L I A Ú A B C G T U
A K J S R E S I Y O H
C A R G U M E N T O O
T O É U C A S F V R A
O L L I I B U S V A S
R J Z N O M R D I F R
B F V L N Q U É M I P
I T C Ñ M Ú S I C A S
```

4 Relaciona las siguientes opiniones.

1 Creo que... [a]
2 No pensaba que... ☐
3 Mis padres no imaginaron cuando me llevaron al cine que... ☐
4 ¿No te parece que... ☐
5 A tus padres les pareció que... ☐
6 No creas que... ☐
7 No me parece una buena idea que... ☐
8 El locutor supuso que... ☐

5 Lee la sinopsis de la película *El laberinto del fauno*. En el texto no aparece ninguna preposición. Intenta colocar la preposición en en el lugar correspondiente.

en (x 5) · con (x 2) · de (x 4) · por · a (x 4)

El laberinto del fauno

Año 1944. La Guerra Civil española acabó (1) en 1939 (2) .... la victoria (3) .... las fuerzas golpistas comandadas (4) .... el general Francisco Franco. Es (5) .... este momento cuando la joven (6) .... trece años Ofelia (Ivana Baquero) tiene que acompañar (7) .... un pequeño pueblo (8) .... su madre, Carmen (Ariadna Gil), casada (9) .... segundas nupcias (10) .... un capitán (11) .... el ejército franquista, Vidal (Sergi López), empeñado (12) .... destruir (13) .... los maquis. Pero no todo será una mala experiencia, puesto que Ofelia descubre (14) .... las ruinas (15) .... un laberinto (16) .... un fauno (Doug Jones).

a ... el cine español está pasando por un buen momento.
b ... la película no era demasiado buena.
c ... todos nosotros habíamos visto la película.
d ... la película me gustó mucho.
e ... el actor no desempeña bien su papel?
f ... pudiéramos pasar con el perro.
g ... tu hermano vaya solo al cine.
h ... la película me fuera a gustar tanto.

7

6 Relaciona las siguientes opiniones con sus posibles reacciones.

1. No creo que Eduardo Noriega haya hecho buenas películas.
2. Me parece que es un buen actor.
3. ¿No crees que Maribel Verdú es muy guapa?
4. No me imagino que Antonio Banderas sea una mala persona.
5. Carlos opina que todo el mundo que hace una película es un buen actor.

a. Yo tampoco.
b. Pues yo sí.
c. Pues yo no.
d. Pues a mí no.
e. Sí, yo sí.

B TIEMPO LIBRE

1 🔊11 Escucha los siguientes eventos que tendrán lugar próximamente y selecciona si las siguientes afirmaciones son verdaderas (V) o falsas (F).

1. Carmen Cortés está a punto de concluir su gira flamenca. [F]
2. De Carmen destaca su capacidad para moverse tanto en un estilo tradicional como innovador. ☐
3. Una característica de Carmen es que no es nada arriesgada. ☐
4. La exposición de Chillida recogerá sus obras más recientes. ☐
5. La exposición tendrá lugar en un recinto cerrado. ☐
6. El espectáculo que presentarán Les Luthiers es el más novedoso de los últimos 30 años. ☐
7. Por fin, después de 30 largos años, Les Luthiers consiguen ese éxito tan soñado. ☐

2 Vuelve a escuchar los eventos y relaciona las siguientes definiciones con palabras o frases hechas que aparecen en la audición.

1. Creador de un espectáculo de danza o baile. <u>coreógrafo</u>
2. Agilidad, prontitud, gracia y facilidad en lo material o en lo inmaterial. ....
3. Representar o escenificar una obra en un teatro. ....
4. Celebrar el estreno de una exposición. ....
5. Persona que posee una virtud para alguna de las bellas artes. ....
6. Casa típica del País Vasco y Navarra. ....
7. Cada una de las partes, actos o ejercicios del programa de un espectáculo. ....
8. Actuación de una compañía teatral o de un artista en diferentes localidades. ....

3 Lee y reconstruye el texto con las palabras del recuadro. Sobran cuatro.

<del>llamado</del> • rodaje • destacables
medios • ya • primero • actores • dicha
historia • entonces • película • dan
pescadores • búsqueda • tienen • plató
plástica • sobre • directores • nombrar
para • exigía • llegada • aportaciones

48 cuarenta y ocho

HISTORIA DEL CINE

EL NEORREALISMO

Al terminar la guerra, en una Italia destrozada, aparece el (1) llamado cine "neorrealista", un cine que presentaba al mundo la realidad de la posguerra, realizado con escasez de (2) .... pero con una carga de humanismo, preocupado por los problemas del individuo de la calle. Fue uno de los movimientos más importantes de la (3) .... de las teorías y corrientes cinematográficas, tanto por la riqueza y valor de sus contenidos, directores, actores y (4) .... a la cultura, como por las repercusiones que posteriormente tuvo en todo el cine mundial. Este tipo de cine creó escuela por todo Occidente, extendiéndose (5) .... por Europa; y luego por el resto del mundo.

El neorrealismo es la sencillez artística desde el acercamiento a lo social, lo histórico y lo poético, la (6) .... de las cosas "tal como son" y la narración de los problemas de la Italia de la posguerra.

(Aprender con el cine, aprender de película, Enrique Martínez Salanova)

La tarea del cine no era (7) .... la de limitarse a entretener en el sentido que se daba habitualmente a la palabra, sino la de enfrentar al público con su propia realidad, analizar (8) .... realidad y unir al público enfrentándole a ella. Esta voluntad de abandonar la intriga dramática a favor de la crónica de la realidad (9) .... un cambio en el plano estilístico: escenarios y actores naturales (muchas veces se elegían intérpretes que no eran profesionales), (10) .... en exteriores o interiores reales, ausencia de maquillajes, diálogos sencillos, sobriedad técnica, rechazo de decorados y toda clase de ornamentación.

Directores y películas (11) .... dentro de este movimiento son *Roma, ciudad abierta* (1945), de Rosellini, un alegato humanista en que la justicia y los derechos humanos (12) .... la mejor tribuna como medio para lograr la paz y el entendimiento entre los hombres. *La tierra tiembla* (1948), de Visconti, con (13) .... auténticos y sin una sola toma de estudio, el director logró crear un drama social en imágenes de cuidadísima belleza (14) .... y complejidad técnica. La originalidad de Visconti reside en la integración perfecta entre lo real y lo estético. Por último, hay que (15) .... a Vittorio de Sica con filmes como *El limpiabotas* (acerca del desamparo de los niños romanos) o *Ladrón de bicicletas*, (16) .... la situación de los obreros en paro.

EL REALISMO EN ESPAÑA

Influenciados por el movimiento realista italiano tenemos en España a García Berlanga y Juan Antonio Bardem, los (17) .... con mayor repercusión internacional a partir de 1950. Como sus colegas italianos, intentan acortar la separación entre el cine y la realidad y (18) .... ello utilizan "planos secuencia" muy largos y ruedan en escenarios naturales. Como ingrediente específico, utilizan el humor, a veces "humor negro".

Alcanzó mucho éxito la (19) .... de Berlanga, *Bienvenido, Mr. Marshall* (1952), en la que un pueblo español se prepara intensamente para la (20) .... de los "americanos" (del plan Marshall) y cuando estos llegan, pasan de largo.

7

C NO IMAGINABA QUE FUERA TAN DIFÍCIL

1 Escribe las siguientes frases en forma negativa. Fíjate bien porque es posible que tengas que cambiar más cosas que el verbo. Si hay varias posibilidades, escríbelas todas.

1. Creo que hay que respetar a los vecinos y guardar silencio por las noches. Pues yo no creo que *haya que respetar a los vecinos ni guardar silencio por las noches.*
2. Tu hermano pequeño opina que tu familia es ejemplar. En cambio, tu hermano mayor no opina que ....
3. Vosotros suponíais que iríamos por el camino más corto. Nosotros, por el contrario, no suponíamos que ....
4. Recuerdo que una vez te pregunté por tus primos. No recuerdo que ....
5. Tú te imaginabas que aquello iba a ocurrir. Sin embargo, él no se imaginaba que ....
6. A ella le ha parecido que no tenías razón. Pero a nosotros no nos ha parecido que ....
7. Me di cuenta de que te había sonado el móvil. Pues yo no me di cuenta de que ....
8. Veo que has vuelto a suspender el examen. No veo que ....
9. Supo que habías entrado en su casa con mis llaves. Nunca supo que ....
10. Se imaginó que la habías llamado por teléfono. No se imaginó que ....

2 Completa el texto con la forma correcta del verbo entre paréntesis.

Guerra total en el cine español

El proyecto de ley enfrenta a las cadenas de televisión con los productores y con el Ministerio de Cultura

Suenan ya los tambores de guerra. Las televisiones privadas se han levantado contra la nueva Ley del Cine elaborada por el Ministerio de Cultura, al que acusan de proteger a los productores "mal llamados independientes" y no al sector del cine español en su conjunto. Las cadenas de TV acusan a Cultura de "exceso de continuismo y de falta de valor".

"No creemos que la solución del cine español (1) *pase* (pasar) por seguir protegiendo al productor independiente", asegura el comunicado hecho público ayer por las cadenas de televisión. Los productores opinan que la actitud de los operadores televisivos (2) .... (suponer) "un desprecio a la libertad de creación" y no les parece que esa lectura de "producir cine solo bajo su paraguas" (3) .... (conllevar) a la mejora del cine español.

Sé que las televisiones privadas (4) .... (sentirse) absolutamente maltratadas por el documento.

Según el borrador legal, las televisiones se verán obligadas a incrementar del 5 % al 6 % de sus ingresos su inversión anual en la industria cinematográfica europea.

"No nos parece que la imposición española del 5 % (5) .... (ser) natural, pues hoy día no tiene sentido que un sector empresarial (6) .... (verse) obligado a financiar otro", denuncian las televisiones. Opinan que "no solo (7) .... (ser) anticompetitiva, (8) .... (ser), además, antieuropeísta, pues de ese 5 % el 60 % debe destinarse al cine español".

Las televisiones imaginan que esta ley (9) .... (recrudecer) un enfrentamiento que parecía amainado y (10) .... (empeorar) la situación actual.

(Adaptado de www.elpais.com)

3 Dos amigos han leído el artículo anterior y hablan sobre él. Elige la opción correcta. En algunos casos valen las dos.

A Recuerdo que leí / leyera en algún lugar que el proyecto de la ministra de Cultura no cuenta con el visto bueno del gobierno.
B No me extraña. No creo que el gobierno **quiere / quiera** que no **hay / haya** entendimiento entre todos los agentes implicados para sacar adelante la nueva Ley del Cine.
A ¿Te das cuenta de que las televisiones **harán / hagan** cuantas acciones sean necesarias para defender sus intereses y evitar su nueva obligación?
B Sí, no veo que **existe / exista** una solución próxima.
A Nunca pensé que esto **sucedería / sucediera**.
B ¿Es que cuando hicieron la ley no vieron que **tenía / tuviera** tantas repercusiones?
A No sé. ¿Sabes? Creo que los productores **reaccionaron / reaccionaran** con otro comunicado.
B Sí, me imagino que **solicitan / soliciten** la inclusión de medidas de desgravación fiscal como condición indispensable para respaldar la nueva ley.
A ¡Qué complicado! Sigo sin ver que **hay / haya** una solución a corto plazo.

4 Completa las frases siguientes con el verbo más adecuado. Escribe todas las posibilidades.

1 ¿Os habéis dado cuenta de que ya ha finalizado (finalizar) el plazo para solicitar la beca?
2 Supongo que .... (vosotros, estar) un poco tristes por la noticia, ¿no?
3 No me parece bien que .... (nosotros, tener) que llevarle un regalo si no nos apetece.
4 No creáis que todo lo que .... (ellos, contar) es verdad.
5 No creen que .... (vosotros, merendar) un bocadillo de jamón todos los días.
6 No sabía que .... (tú, ir) a venir a visitarme tan pronto.
7 No me parece una buena idea que .... (tú, traducir) todo el libro sin ayuda de ningún tipo.
8 Nunca comprendí que .... (desperdiciar, tú) de aquel modo tu vida.
9 Me imagino que .... (haber) alguna solución.
10 No creas que .... (importar) lo que diga la gente. Si lo haces, te equivocas.
11 No creíamos que .... (vosotros, tener) tanta sangre fría.
12 Tus profesores no veían con buenos ojos que .... (tú, llevar) la calculadora a clase.
13 Nunca imaginé que tu madrastra .... (ser) una persona tan influyente.
14 No sabía que .... (ellos, saber) conducir.
15 No sabía cuándo .... (yo, volver) a verte.
16 Inés se imaginó que ya .... (nosotros, salir) de casa y dejó de llamar a la puerta.
17 ¿No crees que tus primos .... (vestirse) como si vivieran en otra época?
18 No creo que .... (poner) la misma película en la televisión que en el cine.
19 Supe que ya .... (tú, ver) mi foto porque noté que no estaba colocada como yo la había dejado.
20 Jamás comprenderé que .... (tú, enfadarse) por esas tonterías.

5 Completa con tus opiniones.

1 Opino que la crisis mundial...
2 No recuerdo que en mi familia...
3 No imaginaba que el español...
4 Nunca pensé que la humanidad...
5 Creía que estudiar español...

8 Viajes

A VIAJAR

1 Mónica ha comprado un billete de autobús para ir desde Castellón a Madrid. Esto es lo que ponía en su billete por detrás. Completa el texto con las siguientes preposiciones.

en • de • por • entre • sin • hasta • a

CONDICIONES GENERALES

Equipaje: El viajero tiene derecho a transportar gratuitamente (1) hasta un máximo de 30 kilos de equipaje. El equipaje no va asegurado, su pérdida o deterioro, (2) .... previa declaración de valor, determinará la obligación (3) .... abonar hasta un límite máximo de 12,02 € por kg de peso facturado.

Anulaciones: En la petición de anulación del billete se devolverá el 20% del importe del mismo cuando se solicite antes de las 48 horas de la salida. Si la anulación se pide (4) .... las 48 y 2 horas anteriores a la salida, se devolverá el 10%. No se procederá a la anulación, ni por consiguiente a la devolución de su importe, dentro de las dos horas inmediatamente anteriores a la salida del autocar. La no presentación (5) .... la salida significará la pérdida total del importe.

Responsabilidad: Existen hojas de reclamaciones en nuestras administraciones. (6) .... motivo de averías en ruta u otras eventualidades el viajero solamente tendrá derecho a la continuidad del viaje (7) .... otro vehículo.

2 A Mónica le han surgido una serie de problemas y también de dudas. Ayúdala marcando cuál de las tres opciones es la respuesta correcta.

1 ☐ Ha pesado su maleta antes de salir de casa y la báscula ha marcado 30 kg.
   a Tiene que pagar un plus.
   b Está dentro del límite. No tendrá que pagar.
   c No puede llevar un equipaje tan pesado.

2 ☐ Mónica tiene previsto su viaje para el lunes 5. El viernes anterior decide posponer el viaje.
   a Le devuelven todo el dinero porque lo ha hecho tres días antes de su viaje.
   b Le devuelven un porcentaje de lo que le ha costado el billete.
   c No tiene derecho a la devolución del dinero.

3 ☐ Durante el viaje se pincha una rueda y el autobús no puede continuar su ruta.
   a Le devuelven el dinero del billete íntegro.
   b La compañía le proporciona un taxi hasta su destino pero debe pagar una parte del recorrido.
   c La compañía le proporciona un taxi hasta su destino y no tiene que pagar nada.

4 ☐ El día de la salida se queda dormida y no llega a tiempo a la estación.
   a No pasa nada, le proporcionan un billete para el siguiente autobús y no debe pagar nada.
   b Debe comprar otro billete y no recibe nada de dinero del billete anterior.
   c Puede rellenar una hoja de reclamación y recuperar el 10 % del importe.

3 Completa las siguientes frases con presente, pretérito perfecto o pretérito imperfecto de subjuntivo. Si existe más de una posibilidad, escríbelas todas.

1. Me lo creeré cuando lo _vea / haya visto_ (yo, ver).
2. Quédate aquí hasta que todos ………………… (marcharse) a casa.
3. Yo pondré al corriente de todo a Pedro en cuanto ………………… (llegar) de su viaje.
4. Encima de su mesa tenía una foto hecha poco antes de que su madre ………………… (enfermar).
5. La mayoría de los periodistas se marcharán en cuanto les ………………… (tú, decir) algunas palabras con las que rellenar su artículo.
6. No creo que tu hermana ………………… (estudiar) mucho para el examen de la semana pasada.
7. Me pareció fatal que no me ………………… (vosotros, llamar) por teléfono.
8. Te pediría que le ………………… (comprar) un regalo pero creo que no va a ser una buena idea.
9. Cuando ………………… (ellos, terminar) de trabajar, avísame.
10. Recuerdo que odiaba que me ………………… (vosotros, llevar) al dentista.
11. Mi hermano me sugirió que ………………… (ir) a un psicólogo.
12. Me molesta que la gente ………………… (decir) que soy desorganizado.

4 ¿En qué situación utilizarías los siguientes medios de transporte? Completa las frases.

Un parapente.
Lo utilizaría para …………………

Un carro.
Lo utilizaría para …………………

Un trineo.
Lo utilizaría para …………………

Un teleférico.
Lo utilizaría para …………………

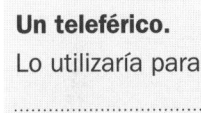

Un globo.
Lo utilizaría para …………………

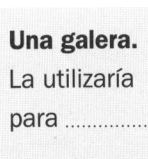

Una galera.
La utilizaría para …………………

Un hidroavión.
Lo utilizaría para …………………

Un tándem.
Lo utilizaría para …………………

8

5 En este crucigrama encontrarás palabras relacionadas con medios de transporte.

Vertical: 1. Embarcación de remo muy utilizada por los indios. **2.** Vehículo que circula sobre raíles por las ciudades. **3.** Es un medio de transporte y esta palabra es muy similar en todos los idiomas.

Horizontal: 1. Muy similar al autobús. **2.** Embarcación que normalmente no tiene motor y que funciona gracias al viento. **3.** Embarcación de pequeño tamaño con motor fuera borda.

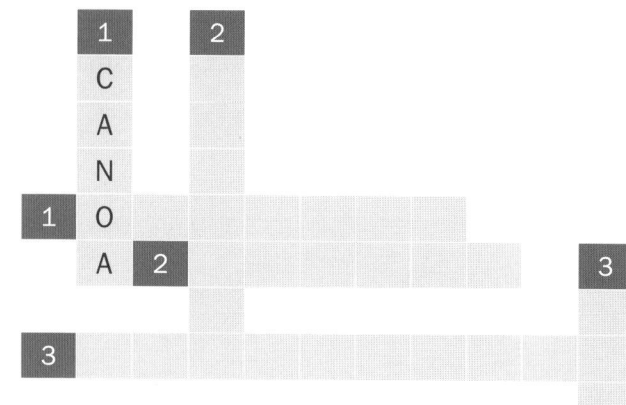

B VIAJAR PARA SENTIRSE VIVO

1 🔊12 En la radio están describiendo el itinerario del viaje a las islas Galápagos que tú acabas de contratar en una agencia de viajes. El problema es que detectas una serie de divergencias entre el anuncio que escuchas por la radio y tu folleto. ¿Cuáles son esas diferencias?

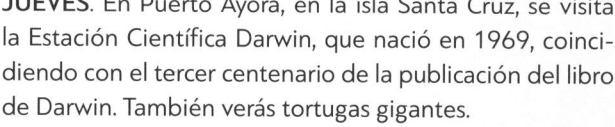

VIAJE A LAS ISLAS GALÁPAGOS

PROGRAMA SEMANAL

LUNES. Llegada al aeropuerto de la isla de Baltra. Por la tarde, visita a la isla Seymour Sur donde verás colonias de aves marinas: fragatas, gaviotas de cola bifurcada y pinzones.

MARTES. Desembarco en isla Salomé, con caminata hasta la cumbre para ver el paisaje volcánico, un auténtico escenario lunar.

MIÉRCOLES. Por la mañana visita a la isla Genovesa, donde verás camaleones, y por la tarde subida a la escalinata del Príncipe Felipe para ver dónde anidan las golondrinas de mar.

JUEVES. En Puerto Ayora, en la isla Santa Cruz, se visita la Estación Científica Darwin, que nació en 1969, coincidiendo con el tercer centenario de la publicación del libro de Darwin. También verás tortugas gigantes.

VIERNES. Visita a isla Isabela con paseo junto a iguanas por los acantilados de Punta Vicente Roca, y por el canal de Bolívar para divisar mantas y cocodrilos. Por la tarde, isla Fernandina, con colonias de pingüinos y cormoranes voladores.

SÁBADO. También en isla Isabela, crucero por bahía Urbina para ver ballenas.

DOMINGO. En isla Española, caminata por bahía Gardner para ver los albatros de Punta Suárez.

DIFERENCIAS:

	Itinerario de la radio	Itinerario del folleto
1	Visita a Seymour Norte	Visita a Seymour Sur
2		
3		
4		
5		
6		

2 Completa con *ser* o *estar*.

1. **A** Tus padres están muy enfadados con Mario.
   B ¡No me extraña! .... un fresco.
2. **A** ¿Sabes?, Leo me ha vuelto a llamar para pedirme los apuntes…
   B ¡Qué cara tiene! Solo te llama cuando necesita algo, ... un interesado.
3. **A** .... mejor que entremos en casa.
   B Sí, entremos, empieza a hacer fresco.
4. **A** ¿De dónde .... tu profesora?
   B No lo sé, pero .... en muchos países.
5. ¡.................. imposible razonar contigo!
6. **A** No para de hablar y de contar su viaje a África.
   B Sí, ... imposible. ¡Como siga así no sé qué vamos a hacer!
7. **A** ¿Has hablado alguna vez con Carmela?
   B Sí, me encanta hablar con ella. .... muy abierta.
8. **A** Tu hermana ha tenido un bebé precioso.
   B Sí, ... un bebé muy despierto.
9. **A** Tu amiga no es capaz de hablar con Fernando por las noches.
   B Lo sé, ... muy parada.
10. **A** ¿Dónde .... María?
    B Viendo las noticias. .... muy atenta.
11. Juan, saca el vino de la nevera, yo creo que ya .... fresco.

3 Elige la opción correcta.

1. Pero, ¿cómo **fuisteis / estuvisteis** capaces de iros con dos tíos tan horribles?
2. La apertura del recinto deportivo **será / estará** a partir de las 8 de la tarde.
3. No **estaría / sería** justo no invitarlo a tu fiesta de cumpleaños.
4. En general, cuanto más innovador **esté / sea** el producto, mayores serán las alternativas de precio.
5. Esperamos que **hayáis sido / hayáis estado** unos buenos chicos.
6. Carmen **estuvo / fue** muy aburrida en la fiesta. ¡Se lo pasó fatal!
7. Pensé que no ibais a terminar nunca. ¡Por fin **estáis / sois** listos!
8. ¿En qué edificio **es / está** la reunión de directivos?
9. El agua pasa igual aunque la manguera **sea / esté** enrollada.
10. Cuando **esté / sea** terminada la autovía, llegaremos a casa en dos horas.

4 Transforma las frases como en el ejemplo.

1. Tu hermana ha vuelto a suspender el carné de conducir.
   Me fastidia que tu hermana haya vuelto a suspender el carné de conducir.
2. La gente ya no fuma en el metro.
   Les encanta que ....
3. Tu abuelo habla solo.
   Le pone nerviosa que ....
4. Los días pasan demasiado rápido.
   Me da rabia que ....
5. A mi prima le encanta conducir de noche.
   A sus padres les da miedo que ....
6. María hizo una entrada triunfal.
   Me da igual que ....
7. David sacó buenas notas.
   Me puso de buen humor que ....
8. La luz cegó al conductor.
   Me fastidió que ....
9. No se resistió y fue a hablar con ella.
   Me molestó que ....
10. Tus amigos hablaron en público.
    Me encantó que ....

5 Completa las frases con los participios adecuados.

> muerto/a/s • roto/a/s • decidido/a/s
> puesto/a/s • escrito/a/s • abierto/a/s
> hecho/a/s • doblado/a/s • dormido/a/s
> alquilado/a/s • frito/a/s

1. La mesa ya está ....
2. No me gustan las películas que están ...., prefiero las de versión original.
3. El cristal de la ventana de la habitación estaba ....
4. No me apetece trabajar, estoy muy cansada, estoy ....
5. ¡A la mesa! Las patatas ya están ....
6. A estas horas, todas las tiendas están ....
7. Ya está .... ¡Nos vamos a la playa!
8. La tarta ya está .... Solo hace falta decorarla.
9. Lo siento, la casa ya está ....
10. Todos estos cuadernos están .... No hay ninguno nuevo.
11. Mira a ver qué hace, pero si está ...., no lo despiertes.

8

6 Completa el texto con la forma verbal adecuada de *ser* o *estar*.

Consejos útiles sobre cómo servir y beber el vino

- La etiqueta (1) <u>es</u> como una foto de la manera de (2) .... del bodeguero o cosechero. Si le presta atención sacará conclusiones notables. Aparte del diseño o estética, en ella deben aparecer todos los datos, como nombre o marca del vino, bodega, denominación de origen, país, cantidad, graduación, año de la cosecha, tipo de uva o uvas con las que (3) .... hecho, si (4) .... crianza, reserva o gran reserva, y numeración. Si (5) .... vino de mesa, del país, etc. A veces, en la contraetiqueta se escriben barbaridades del tipo: "Hecho con la mejor selección de uvas escogidas de nuestra cosecha. Sírvase fresco". Eso (6) .... fraude y hay que denunciarlo.
- Procurar no mezclar dos caldos diferentes, aunque ambos (7) .... blancos o tintos, en la misma copa. De dos tintos diferentes (8) .... preferible consumir antes el más joven y después el de reserva o gran reserva. Dentro de una misma marca de reserva, procurar que (9) .... de la misma añada. De no (10) .... así, consumir primero el más "joven" y luego el "mayor" o de añada más tardía.

(Adaptado del libro *Saber de vinos*)

7 En el texto anterior aparecen las siguientes palabras. Escribe el verbo o el sustantivo que le corresponda.

1. denominación: <u>denominar</u>
2. graduación: ....
3. numeración: ....
4. etiqueta: ....
5. selección: ....
6. consumir: ....
7. aparecer: ....
8. mezclar: ....

C TURISMO ESPACIAL

1 Elige el término adecuado.

1. La (abreviar/**abreviatura**) de doctor es Dr.
2. Ayer tuvo lugar la .... (abertura/apertura) del curso.
3. Para empezar las obras de la casa, tus padres solicitaron un .... (adelantamiento/adelanto).
4. Hay una gran .... (competencia/competición) entre los dos supermercados.
5. Se ha aprobado la .... (creación/criatura) de un nuevo parque.
6. Le he enviado una carta a mi jefe en la que hacía una .... (pedida/petición) de subida de sueldo.
7. Hizo una gran .... (selección/selectividad) para crear la empresa.
8. El cantante tuvo una gran .... (apariencia/aparición) en escena.

2 Completa el texto con los verbos derivados de las palabras del recuadro.

> estorbo • cambio • acoso • sustitución
> decisión • repetición • crecimiento • decoración

Relato de un viaje a Marrakech

Marrakech (1) ha cambiado mucho en los últimos años. Era una ciudad maravillosa, mágica, anclada en el tiempo, en cuyas calles vendedores de todo tipo y falsos guías (2) .... a los extranjeros hasta abrumarles. Según las estadísticas, pocos viajeros (3) .... la visita, así que las autoridades (4) .... tomar cartas en el asunto. Hoy, Marrakech se ha convertido en una ciudad acogedora, que el visitante puede recorrer sin sentirse agobiado en ningún momento. La ciudad (5) .... fuera de sus murallas, los techos de caña de los zocos han sido (6) .... por techos de cinc o de uralita, pero los zocos siguen siendo mágicos, y en la plaza de la Yamaa el-Fna sigue habiendo contadores de historias, adivinos, encantadores de serpientes, músicos, saltimbanquis y curanderos; allí, puedes comprar dátiles o fruta, cenar (en los chiringuitos que abren al caer la tarde, sumergiendo la plaza en una nube de humo) o hacer que te (7) .... las manos con henna. Al anochecer, la plaza y sus alrededores son un increíble hervidero. En cambio, en las callejas de la medina (estrechas, por lo general rectas, que a trechos pasan bajo arcos), solo el paso de una moto (8) .... de tarde en tarde los juegos de los niños.

3 Relaciona las siguientes definiciones con palabras que aparecen en el texto.

1. Que no se mueve: anclada.
2. Confundir: ....
3. Fortificación: ....
4. Parte alta de una construcción: ....
5. Mercado: ....
6. Persona que conoce el futuro: ....
7. Acróbata, equilibrista: ....
8. Persona que ejerce de médico sin tener la carrera de medicina: ....
9. Polvo rojizo que se usa como tinte: ....
10. Agitación y ruido: ....

4 Elige el tiempo más adecuado en las siguientes frases.

1. En aquella época **iba / fui** de vacaciones a la costa.
2. Conocí a Mario cuando ambos **éramos / fuimos** jóvenes.
3. ¡Qué pena que **hayáis suspendido / suspendáis** el examen de mañana!
4. No me parece que **es / sea** una buena idea.
5. Espero que ellos **llamen / llaman** antes de venir.
6. Me extrañó que no **estuvieran / estén** ya en casa.
7. Les pone nerviosos que **seas / estés** tan contento.
8. ¿Te molestó que te **llame / llamara** por teléfono?
9. **Era / Estaba** interesado en hacerte muchas preguntas.
10. ¿Alguna vez **has estado / has sido** en Brasil?
11. ¡Ojalá mi hermano no te **hubiera dicho / diga** lo que te dijo!
12. A tu profesor le gustaría que **estudies / estudiases** más.
13. Ya no está aquí. ¡Qué lástima que se **vaya / haya ido**!
14. Cuando **estarás / estés** listo, hazme una llamada perdida.
15. Se lo dijo en cuanto **salga / salió** por la puerta.
16. En cuanto se lo **digáis / dijerais,** avisadme para no meter la pata.
17. Cuando entraste en la tienda, tu madre ya **salió / había salido**.
18. La verdad es que nunca **fui / sea** una persona muy abierta.
19. El otro día **fuimos / hemos ido** al museo.
20. Te pedí que me **llamaras / llames** pero no me hiciste ni caso.

PROCESOS Y ESTRATEGIAS 4 — UNIDADES 7 Y 8

ESCRIBIR

1 Lee el siguiente texto y añade las tildes que faltan.

> No sé por donde empezar mi historia. No sé cuando empezó todo o cuanto tiempo trascurrió.
>
> No recuerdo muy bien el tiovivo, pero sí recuerdo aquel espantapajaros que no paraba de decirme cuanto miedo tenía.
>
> También recuerdo aquella cocina antigua con aquellos objetos tan extraños: aquel abrelatas, aquel pasapures e incluso aquel portalamparas antiguo que parecía haber salido de una película de terror.
>
> También recuerdo aquel desván con todos aquellos libros colocados habilmente en aquellas estanterías apolilladas. Me llamó la atención el manual teórico-práctico, el libro en relieve y aquel libro especializado en ciempies.
>
> Todavía hoy me pregunto por que el abuelo tendría todos aquellos libros viejos, para que los querría y que pretendía hacer con ellos.

ACENTUACIÓN

Recuerda que se deben acentuar:
- Pronombres, adverbios y locuciones adverbiales en interrogativas indirectas
  No sé cuál me gusta más.
- Pronombres, adverbios y locuciones adverbiales en exclamativas indirectas
  Me dijo que cuánto me quería.

Acentuación de palabras compuestas:
- Cuando dos palabras se unen y forman una palabra compuesta, pierden la tilde, si la llevan, y el término compuesto que resulta sigue las reglas generales de acentuación:
  décimo + séptimo: decimoséptimo.
- En palabras compuestas por dos adjetivos que se unen por un guion, cada término conserva su tilde:
  teórico-práctico, hispano-francés.
- Las palabras compuestas por un adjetivo y el sufijo –mente (que dan lugar a un adverbio), se acentúan según vaya acentuado el adjetivo:
  alegre + mente: alegremente / hábil + mente: hábilmente / rápida + mente: rápidamente.

ESCUCHAR

2 🔊 13 Lee la sinopsis de la película de Pedro Almodóvar, *Madres paralelas*, y escucha una crítica de la película en un programa de radio especializado. Después, responde a las preguntas.

Sinopsis:
Dos mujeres coinciden en una habitación de hospital donde van a dar a luz. Ambas están solteras y se quedaron embarazadas por accidente. Janis, de mediana edad, no se arrepiente y está exultante. La otra, Ana, una adolescente, está asustada, arrepentida y traumatizada. Janis intenta animarla mientras pasean por los pasillos del hospital. Las pocas palabras que intercambien en esas horas crearán un vínculo muy estrecho entre las dos, que por casualidad se desarrolla y se complica, afectando a sus vidas de forma decisiva.

1. ¿Qué trasfondo histórico se trata en *Madres paralelas*?
   ....
2. ¿Qué obsesión se menciona en la crítica que tiene la protagonista de la película?
   ....
3. ¿Por qué se menciona en la crítica que es una película valiente?
   ....

3 Piensa en una película que has visto, busca información sobre ella y escribe una crítica como la del ejercicio anterior. Puedes leer críticas sobre esa película y resumir los puntos más importantes que se han hecho sobre ella.

ESTRATEGIAS

Para escribir una crítica de cine:

1. Comienza con una oración que resuma la película: la primera oración de la revisión debe atraer a los lectores a ver (o no ver) la película.
2. Continúa citando al director, el reparto y el productor, y evalúa su contribución al éxito o al fracaso de la película.
3. Escribe un breve resumen de la trama, proporcionando suficiente información al lector para comprender las referencias que se harán en el resto de la crítica, pero sin revelarla por completo.
4. Da tu opinión. La crítica transmite una opinión personal, por lo que es esencial ser honesto sobre los aspectos positivos y negativos de la película
5. Cierra con una frase que sirva para emitir tu propio juicio y el consejo para aquellos que aún no han visto la película.
6. Una vez finalizada la crítica, debes volver a leerla varias veces, asegurándote de que sea completa, comprensible e interesante. Corrige cualquier error gramatical y verifica la información.

MEDIACIÓN ESCRITA

4 Lee este fragmento de la web *www.exteriores.gob.es* sobre qué debes hacer en caso de emergencia si estás de viaje en un país extranjero y completa.

Qué debo hacer en caso de emergencia

Si te ves afectado por una situación de emergencia en el extranjero, tanto la red de Embajadas y Consulados como la Dirección General de Españoles en el Exterior, Asuntos Consulares y Migratorios podrán asistirte.

Antes de contactar con la Embajada o Consulado, es conveniente comprobar qué puede hacer una Embajada o Consulado por ti.

Uno de los contratiempos más frecuentes en el extranjero es la pérdida o sustracción de la documentación. En este caso, la Embajada y/o Consulado puede expedir, en horario de oficina, un documento de viaje con validez limitada. Si necesitas más información, puedes consultar la sección "Pasaporte y otra documentación".

En caso de detención, tienes derecho a solicitar a las autoridades locales que se pongan inmediatamente en contacto con el cónsul de España. Las Embajadas pueden prestar asistencia a los detenidos: notificar la detención si así lo desea el detenido, visitarlo periódicamente, entregarle y recibir mensajes y correspondencia. Puedes consultar la sección "Asistencia consular".

En caso de urgencia médica grave o accidente severo en el extranjero, puedes contactar con la Embajada y Consulado más cercano. Podremos ayudarte a contactar con tus familiares y con la compañía de seguro médico.

En caso de fallecimiento de un familiar o allegado en el extranjero, consulta el apartado "Otros servicios consulares".

Si te ves afectado por una catástrofe natural, atentado terrorista o crisis política, puedes dirigirte a la Embajada o Consulado más cercano o a la División de Emergencia Consular.

La División de Emergencia Consular atiende las emergencias en el teléfono: 91 000 12 49 durante las 24 horas.

Las Embajadas y Consulados disponen de un teléfono de emergencia que solo ha de ser utilizado en casos de auténtica emergencia. El uso de dicho teléfono está concebido, esencialmente, para aquellos casos que no pueden ser atendidos dentro del horario laboral habitual del Consulado y que revisten carácter excepcional.

1 No sabía que ....
....
2 No imaginaba que ....
....
3 Me he dado cuenta de que ....
4 No me parecía que ....
....
5 No creía que ....

ESTRATEGIAS

Para simplificar o resumir un texto:
1. Destaca la información clave (subraya o introduce marcas en los márgenes).
2. Elimina repeticiones y digresiones.
3. Excluye las secciones que no aportan información relevante.
4. Reagrupa las ideas para destacar los puntos importantes.
5. Extrae conclusiones o compáralas y contrástalas.

9 Encontrar trabajo

A EMPRENDEDORES

1 🔊14 Lee y escucha el texto y señala si las siguientes afirmaciones son verdaderas (V) o falsas (F).

El trabajador autónomo o *freelance*

Una posibilidad a la hora de trabajar es montártelo por tu cuenta, como trabajador independiente. Es lo que se conoce como *freelance* o trabajador autónomo.

Un trabajador *freelance* es aquel cuya actividad consiste en realizar trabajos propios de su profesión, pero de forma autónoma, para terceros que requieren sus servicios.

Habitualmente se asocia la imagen del *freelance* a una persona independiente, que no se quiere casar con nadie y no desea estar sometido a normas ni ataduras en cuanto a horarios, formas de vestir, etc. Sin embargo, este estereotipo está cambiando hacia una imagen mucho más real. Lo cierto es que la crisis económica y la precariedad laboral que vivimos impulsan a muchas personas a probar suerte y ofrecer sus servicios como *freelance*.

En un principio, el principal sector en el que se usaba esta modalidad de trabajo era el periodismo. Los medios gráficos de prensa además de tener un elenco permanente de empleados a sueldo, encargaban a terceros la realización de notas determinadas y pagaban por cada una de ellas, o bien adquirían notas que les eran ofrecidas en tales condiciones. Posteriormente se aplicó también en otros campos, como los de la programación informática, el diseño gráfico, la consultoría, la fotografía, la traducción y muchos otros servicios profesionales y creativos.

Internet ha facilitado la expansión de esta modalidad de trabajo en sectores como desarrollo de *software*, diseño de sitios web, tecnología de la información y documentación de negocios..., ya que permite que el trabajador autónomo pueda realizar su trabajo en lugares distantes del domicilio del receptor del trabajo e, incluso, en diferente país.

Asimismo, cada vez existen más bolsas de empleo en la red dedicadas a estos profesionales.

(Extraído de: www.serautonomo.net)

1. El trabajador autónomo trabaja con un contrato. ☐
2. El trabajador *freelance* o autónomo trabaja para sí mismo. ☐
3. El trabajador *freelance* por lo general presta su trabajo a distintas empresas. ☐
4. Actualmente, la práctica totalidad de estos trabajadores autónomos son periodistas. ☐
5. Las nuevas tecnologías hacen que este tipo de trabajos sean más sencillos de desarrollar. ☐
6. El sector donde empezó a desarrollarse el trabajo autónomo fue el periodismo. ☐

2 Vuelve a leer el texto anterior y escribe al lado de cada definición la palabra adecuada.

1. Que necesitan alguna cosa: <u>requieren</u>
2. Subordinado al juicio de otra persona: ....
3. Obligaciones: ....
4. Modelo: ....
5. Mala condición: ....
6. Estimula, incita: ....
7. Número, grupo: ....
8. Lugar donde se piden opiniones sobre algo concreto: ....
9. Efecto de extenderse: ....
10. Aquel quien recibe: ....

3 Lee el texto de nuevo y define el significado de las siguientes palabras o expresiones según el contexto:

1. Montárselo por su cuenta: ....
2. Trabajar para terceros: ....
3. No querer casarse con nadie: ....
4. Estar sometido a algo: ....
5. Probar suerte: ....

4 Relaciona las dos partes para formar el mensaje de expresión de la amenaza.

1. Como no me llames, …
2. Si no limpiáis los cristales, …
3. Si tu hermano no practica, …
4. Como Sofía no te lo diga, …
5. Si no terminas el proyecto a tiempo, …
6. Como sigan hablando, …
7. Como no comamos verduras, …
8. Si usted no firma este documento, …

a. … tendrás que decirles algo.
b. … no le daremos el crédito.
c. … el endocrino nos regañará.
d. … no llegará a ser pianista profesional.
e. … el jefe se enfadará contigo.
f. … no me volverás a ver.
g. … no os doy la paga.
h. … lo haré yo.

5 Lee el siguiente diálogo en el que dos personas hablan acerca del texto que acabas de leer. Complétalo con las palabras del recuadro.

> lo que pasa es que • yo creo
> ~~me parece que~~ • no obstante • llevas razón
> para mí • no estoy de acuerdo
> bueno, sí, pero por otro lado
> estoy de acuerdo

A ¿Tú qué opinas?, ¿te harías autónomo?
B (1) <u>Me parece que</u> tendría que pensármelo bastante. Me da un poco de vértigo.
A (2) .... A mí también me daría un poco de miedo. (3) ...., algunas veces hay que arriesgarse e intentar cosas nuevas.
B (4) ...., que si tienes una buena idea y muchas ganas de luchar por ella, tiene que ser un reto muy interesante.
A (5) .... necesitas tener esa idea, dinero y ganas de arriesgar. (6) .... que no sería capaz.
B (7) .... Todo el mundo es capaz si tiene ilusión.
A (8) .... yo soy una persona muy cómoda y me gusta tener mi dinero fijo todos los meses y mis pagas extras.
B Sí, (9) ...., entonces no tienes mucha mentalidad de autónomo.

6 Completa con el verbo correspondiente en el tiempo adecuado.

> atender • aprender • ponerse • devolver • contar • hablar • llegar • merendar
> poder • decir • hacer • abrir • probar • gastar • querer • saber • tener

1 Si (él) **hablara** muchos idiomas, encontraría un trabajo mejor.
2 Como (ellos) .... tarde, mamá les echará una bronca.
3 ¿Si (tú) .... elegir una profesión, serías lo mismo que ahora?
4 Si no (tú) .... tiempo, es mejor que no te comprometas a hacerlo.
5 Como tu amiga no .... la lección, no le dejarán que se vaya a casa.
6 Si (tú) .... a conducir por tu cuenta, después es muy difícil corregir ciertos vicios.
7 Como no (tú) .... gafas, te seguirá doliendo la cabeza.
8 Si me (tú) .... caso, ahora no estarías metida en ese lío.
9 Como no (vosotros) ...., no os servirá de nada ir todos los días a clase.
10 Si (ella) .... el dinero, no le pasará nada.
11 Como no (nosotros) .... el pastel, alguien se va a enfadar.
12 Como (ellos) .... los regalos, me voy a enfadar mucho con ellos.
13 Si se lo (vosotros) ...., jamás lo perdonaré.
14 Si me (tú) .... eso, a mí tampoco me sentaría nada bien.
15 Como (tú) ...., no te daré de cenar.
16 Si (tú) ...., podríamos comprarnos el chalé de la esquina.
17 Si Joaquín no .... tanto dinero en el juego, ahora sería rico.

B ROBOTS Y TRABAJO

1 Lee las definiciones de las siguientes profesiones y escribe la palabra correcta acompañada por el artículo (el/la).

1 Mujer que se dedica a torear en las corridas de toros: **la torera**
2 Mujer cuya profesión es apagar incendios: ....
3 Mujer que instala y arregla conducciones de agua, grifos, etc.: ....
4 Mujer que aplica el reglamento en las competiciones deportivas: ....
5 Mujer que se dedica a la ingeniería: ....
6 Mujer autorizada para ejercer la medicina: ....
7 Mujer que se dedica a la arquitectura: ....
8 Mujer que pilota un avión: ....
9 Hombre que se dedica a desfilar en pasarelas: ....
10 Hombre que toca el violín: ....
11 Mujer que trabaja en un periódico: ....
12 Hombre que se dedica a la salud dental: ....
13 Mujer que cuida del orden público: ....
14 Hombre que dirige una galería de arte: ....

2 Lee el siguiente artículo que apareció publicado en un periódico. En el texto hay 9 errores. ¿Cuáles son?

El constructor de música

Francisco Hervás (Granada, 1962) tiene una de los oficios más interesantes y complejos que pueden encontrarse: *luthier*, es decir, constructor de instrumentos musicales. Ella se dedica a fabricar instrumentos antiguos, del Barroco y del Renacimiento. "Habrás hecho unos ochenta o noventa instrumentos", recuerda.

Francisco comenzó tocando en un grupo de música renacentista y tradicional y fue este hecho el que lo llevó a fabricar sus propios instrumentos. Fue así como surgió todo.

Lo suyo es instrumentos artesanales, que nada tienen que ver con los que pueden adquirirse en una tienda, por muy caros que resulten. Cada detalle, como el espiral del clavijero de un violín o una viola, está tallado a mano, con horas o días de paciencia y rigor, la madera se curva con maniobras de calentamiento y humedad. Hasta el último detalle requiere un planificación absoluta. El resultado final no es un mero instrumento. Es una obra de el arte.

Hay *luthiers*, y Hervás es uno de ellos, a los que se lo encargan los instrumentos con años de antelación debido al tiempo que necesita cada obra y a los encargos que tienen con anterioridad. Los músicos, sin embargo, prefieren aguardar y tener por fin un *Hervás*. De hecho, el nombre de su autor aparece en el frontal del clavecín, uno de los instrumentos más complicados de construir, que hizo por encargo. En su talle se comprende el valor de una firma en un instrumento.

(*El País*)

3 Completa con el artículo (*el/la/los/las*) y una de las palabras del recuadro, en el género y número correspondientes.

> guía • comandante • atleta • ~~testigo~~
> víctima • dependiente • paciente • piloto

1. Al terminar el juicio, <u>el/la testigo</u> se reunió con el juez y con el fiscal.
2. ...., que llevaba una falda larga, me atendió en cuanto entré en la tienda.
3. ...., María García, recogió la medalla por su carrera en los 100 metros lisos.
4. .... del museo resultó ser un antipático.
5. .... de la doctora Rodríguez son todas mujeres.
6. .... entró por la puerta del avión toda sonriente y con un vestido azul marino a juego con un sombrero.
7. .... del ejército, Sara Pérez, recibió una condecoración por su talento.
8. Tu hermano fue .... del robo que salió por la televisión.

4 Completa la siguiente tabla.

MASCULINO	FEMENINO
el panadero	la panadera
	la artista
	la violinista
el conductor	
el marinero	
	la atleta
el comandante	
	la modelo
el dependiente	
	la charcutera
el barón	
el amante	
	la jirafa
el cartero	
	la yegua
el yerno	
el padrino	
	la cuñada
el guardaespaldas	
el policía	
	la enfermera
el arquitecto	
el juez	
el presidente	
	la taxista
	la periodista

C SERVICIOS PÚBLICOS

1 Completa con el verbo en su forma adecuada.

1. En caso de que **vengáis** (vosotros, venir), tendréis que traer vuestra propia comida.
2. Tendrás que repetir curso a no ser que .... (tú, aprobar) los exámenes finales.
3. Mis padres se negaron a ir en vuestro coche siempre y cuando .... (conducir) Luis.
4. Lo haremos con tal de que .... (vosotros, ponerse) los pantalones que os regalamos.
5. Si .... (tú, tener) que obedecerme, ¿lo harías?
6. Te lo explicaría siempre y cuando le .... (decir) la verdad.
7. Todo lo que nos contó encajaba a la perfección, excepto que .... (él, estar) viviendo en África.
8. Le dijo que lo haría con tal de que .... (nosotros, poner) su nombre en el trabajo.
9. Nos dejarán pilotar la avioneta siempre y cuando .... (hacer) un cursillo.
10. He perdido mis llaves, a no ser que las .... (coger) tú.

2 Completa las frases siguientes con uno de los conectores del recuadro.

> con tal de que • en caso de que • excepto que
> a no ser que (x 2) • ~~siempre y cuando~~ • como

1. Podrá seguir trabajando **siempre y cuando** tenga ánimo suficiente para volver al trabajo y enfrentarse con sus compañeros.
2. Te despedirán de la empresa .... les cuentes toda la verdad y recapaciten.
3. Existen hojas de reclamaciones que se pueden solicitar .... surja cualquier incidente.
4. Parece que el incendio no fue provocado, ... todo fuera un montaje.
5. El candidato afirmó que .... no obtuviera la presidencia, todos los que estábamos allí nos quedaríamos sin trabajo.
6. El jefe le dijo que podía tomarse la tarde libre .... mañana trajera el proyecto acabado.
7. Su padre le dijo que podía perdonárselo todo, ... le mintiera.

3 Lee el siguiente texto y completa con las opciones del recuadro.

> pulsaciones • aptitudes • ambas
> ~~plazas~~ • entre sí • título
> vacante • asimismo

EMPLEO PÚBLICO

CÓMO PREPARARSE PARA AUXILIAR ADMINISTRATIVO

El próximo 8 de octubre, la Comunidad de Madrid convoca 25 (1) **plazas** para auxiliar administrativo. Este procedimiento selectivo consiste en dos fases eliminatorias (2) .... La primera, teórica, se basa en un examen tipo test sobre el temario específico para la (3) .... El programa íntegro se incluye siempre en la convocatoria ofrecida por el organismo público. (4) ...., el opositor deberá superar en esta primera fase un examen psicotécnico, basado en preguntas que valoren sus (5) .... administrativas, numéricas o verbales.
Una vez aprobadas (6) ...., el opositor realiza otra prueba de carácter práctico.
El evaluado deberá transcribir a ordenador un escrito (suministrado por los evaluadores) durante 10 minutos con un mínimo de 280 (7) .... por minuto.

REQUISITOS

Los requisitos exigidos para poder presentarse a este tipo de oposición son:
- ser español o nacional de alguno de los estados miembros de la Unión Europea.
- tener cumplidos los 18 años de edad.
- poseer el (8) .... de Graduado en Educación Secundaria o equivalente.
- no padecer enfermedad ni estar afectado por limitación física o psíquica.
- no haber sido separado, mediante procedimiento disciplinario, de alguna Administración Pública.

(Metro)

4 Relaciona las dos columnas para formar frases. Es muy importante que tengas en cuenta la información del texto anterior.

1. El próximo 8 de octubre se celebrará en la Comunidad de Madrid un concurso de oposición para auxiliar administrativo…
2. Todo el mundo optará al temario íntegro…
3. El opositor realizará la prueba de carácter práctico…
4. Cualquier persona podrá presentarse a este concurso…
5. Si no eres español no puedes presentarte a la oposición…
6. No podrás apuntarte a la convocatoria de personal administrativo…
7. En caso de que padecieras alguna enfermedad…

a … a no ser que no se haya incluido en la convocatoria publicada por el organismo público correspondiente.
b … en caso de que no hayas finalizado tus estudios secundarios.
c … con tal de que reúna una serie de requisitos.
d … en caso de que pase el test y el psicotécnico.
e … no podrías optar a ese puesto de trabajo.
f … a no ser que seas de algún país de la Unión Europea.
g … siempre y cuando no suceda nada que lo impida.

5 En este crucigrama encontrarás palabras relacionadas con los servicios públicos.

- Para optar a un puesto de trabajo de empleo público debes pasar unos exámenes que reciben el nombre de (1) ....
- Cuando apruebas estos exámenes y comienzas a trabajar, te conviertes en un (2) ....
- Si decides presentarte a estos exámenes, tienes que rellenar una serie de (3) .... y, en ocasiones, tienes que pagar unas (4) ....
- Normalmente todos estos trámites se realizan en la (5) .... y debes entregar y resolver todo el papeleo en un mostrador con varias (6) ....

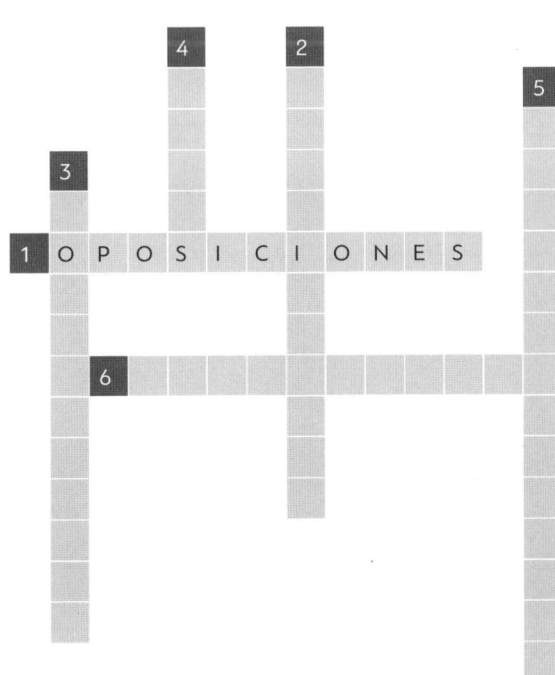

10 Crimen y castigo

A SI CONDUCES, NO BEBAS

1 Pon esta historia en el orden correcto.

a Los dos hombres fueron declarados culpables y ☐
b y les acusaron de robo. ☐
c El año pasado unos delincuentes robaron 10 000 € de un banco en la Gran Vía. ☒ 1
d de que el jurado hubiera escuchado todas las declaraciones. ☐
e fueron condenados a siete años de cárcel. ☐
f El juicio se celebró dos meses después ☐
g y finalmente arrestaron a dos hombres. ☐
h Los interrogaron en la comisaría ☐
i La policía interrogó a varias personas sobre el robo ☐

2 Contesta las preguntas utilizando las palabras del recuadro.

> ladrón • condenados • homicida • abogado
> policía • juez • contrabandista • delincuente
> secuestrador • jurado

1 ¿Quién investiga los crímenes?
  La policía.
2 ¿Quién dicta sentencia?
3 ¿Quiénes viven en las cárceles?
4 ¿Quién decide si alguien es inocente o culpable?
5 ¿Quién defiende a los acusados?
6 ¿Quién comete los delitos?
7 ¿Quién comete un robo?
8 ¿Quién causa la muerte a otra persona?
9 ¿Quién se dedica al tráfico ilegal de mercancías sin pagar derechos de aduana?
10 ¿Quién retiene a alguien por la fuerza y pide un dinero a cambio de su liberación?

3 Completa las frases con las palabras del recuadro.

> bigamia • condena • revocada • multa
> he vulnerado • detenido • he cometido • secuestrado
> cumplir • sobornar • acusado • delito • absuelto

1 Yo creo que nunca he vulnerado la ley ni, por supuesto, ... un crimen.
2 En España se considera un .... conducir un coche sin seguro.
3 Pablo, ten cuidado, si circulas a más de 120 te van a poner una ....
4 La mafia intentó .... al juez para que absolviera a su protegido.
5 Sus dos mujeres fueron llamadas a declarar antes de que su supuesto marido fuera .... de ....
6 El presunto asesino fue .... ante la falta de pruebas.
7 Ricardo González por su buen comportamiento no tuvo que .... toda su ....
8 Al presentar nuevas pruebas y repetirse el juicio, la sentencia fue ....
9 Al final lo metieron en la cárcel porque ese ladrón ya había sido .... tres veces en el mismo mes.
10 Los terroristas tuvieron .... al dueño de la furgoneta durante tres días para que no denunciara el robo.

4 Completa la siguiente tabla.

CRIMEN	CRIMINAL	VERBO
robo	ladrón	robar
asesinato		
evasión		
asalto		
secuestro		
tráfico		

5 Escribe el verbo en la forma adecuada.

1 Siempre que te _duela_ (doler) la cabeza, tómate una aspirina.
2 Mientras .... (hacer) buen tiempo, daremos largos paseos por el monte.
3 Siempre que yo la .... (saludar), ella no me contestaba.
4 Mientras tuve dolores de espalda, no .... (poder) ir a trabajar.
5 Siempre que la llamaba, ... (venir) a visitarme.
6 Te lo enviaré por correo, siempre que te .... (parecer) bien.
7 Mientras hablaba con el móvil, se .... (caer) por las escaleras.
8 No me importa hacer las camas, siempre que tú .... (sacar) el perro a pasear.
9 Mientras nosotras .... (ir) de compras, Juan preparó la cena.
10 Los niños .... (hacer) sus deberes mientras yo fui al médico.

6 Subraya el verbo adecuado.

1 Cuando voy de viaje, me **llevo** / **lleve** mi ordenador.
2 Mientras **haga** / **hace** frío, encenderé la chimenea.
3 Iré contigo al teatro siempre que tú **sacas** / **saques** las entradas.
4 Mientras no **llueva** / **llueve**, no podré cambiar el agua de la piscina.
5 Celebraremos la fiesta en tu casa siempre que tu **estás** / **estés** de acuerdo.
6 Friega los cacharros mientras yo **pongo** / **ponga** la lavadora.
7 Siempre que **quieras** / **quieres** ir a la montaña, llámame, yo iré contigo.
8 Mientras que no **sabemos** / **sepamos** las fechas de las vacaciones, no podremos organizar el viaje.
9 Llegaremos a tiempo siempre que te **das** / **des** prisa.

7 Relaciona los titulares periodísticos.

1 El director del Banco Nacional ha sido secuestrado
2 La conocida empresa de productos lácteos ha sido denunciada
3 La policía del aeropuerto ha sido sobornada
4 La famosa cantante ha sido acusada
5 Muere el sospechoso de homicidio

a por delito contra la salud pública.
b cuando salía de su domicilio.
c por el Ministerio de Hacienda de evasión de impuestos.
d a causa de un disparo de la policía.
e por una banda de narcotraficantes que introducía droga en maletas.

B ME HAN ROBADO

1 Elige la opción correcta.

1 No conozco a nadie que **ha aprendido** / _haya aprendido_ a leer antes de los tres años.
2 Ayer leí el artículo que **escribió** / **escribiera** el director del periódico sobre el fraude bancario por SMS.
3 ¿Conoces a alguien que **ha estado** / **haya estado** en la India?
4 La profesora me dijo que el examen **era** / **fuera** mañana.
5 No tengo ni idea del tipo de música que le **gusto** / **gusta**.
6 Dime qué comida **prefieres** / **prefieras**.
7 He vuelto a ver a la vecina que **viva** / **vive** en el tercer piso.
8 Este es el amigo que te **presenté** / **presentara** la semana pasada.
9 ¿Sabes de alguien que **pueda** / **puede** ayudarme a hacer la Declaración de la Renta?
10 La habitación que **esté** / **está** al fondo del pasillo es la vuestra.

2 Pon el verbo en la forma correcta.

1. El médico que me *atendió* (atender) era muy amable.
2. Aunque te resulte increíble, aún hay jefes que .... (escribir) cartas, y secretarias que .... (tomar) nota.
3. En los primeros tiempos de su noviazgo no había día en que no .... (recibir) una carta de amor.
4. Mis padres eran de esos que .... (preocuparse) mucho por la educación de sus hijos.
5. Déjame ver la carta que te .... (enviar) tus amigos.
6. No creo que en la sala hubiera nadie que .... (saber) quién era Alberto López.
7. Tuvimos la suerte de poder entrevistar a la señora a la que le .... (tocar) la lotería.
8. Julieta fue al festival de cine de Málaga, pero no vio ninguna película que le .... (gustar).
9. **A** ¿Conoces a alguien que .... (poder) venir a pintarme la casa?
   B Sí, conozco a un chico que .... (pintar) muy bien y no .... (ser) caro. Se llama Vicente.
10. El premio quedó desierto porque no encontraron ningún cuadro que lo .... (merecer).
11. Por favor, Pedro, ponme un kilo de peras que no .... (estar) muy maduras, es que son para llevármelas de excursión.
12. Los que no .... (saber) hacer paella se retiraron en seguida del concurso.

3 Completa las frases con tu opinión personal.

1. Me gusta la gente que ....
2. No me gusta la gente que ....
3. Me encantaría conocer a alguien que ....
4. Me gustaría viajar con gente que ....
5. Antes no me gustaba la gente que ....
6. No conozco a nadie que ....
7. No me parece bien que ....
8. Me gustaría comprar algo que ....

4 Completa las frases con *el / la / los / las / lo que*.

1. Sara es *la que* ha cargado con toda la responsabilidad.
2. El equipo de mis amigos es .... ganó el campeonato.
3. Ese chico es .... descubrió al ladrón.
4. Ángela y Rosa son .... me hablaron de tu problema.
5. Fueron mis padres .... se lo compraron.
6. La maleta de Pedro es .... se ha perdido.
7. Esto no es .... te mandó el médico.
8. Es mi tío Juan .... vive en Brasil.
9. Su novia es .... no quiso venir a la fiesta.
10. En esta película es el protagonista .... muere.
11. Nadie sabe .... le costó el bolso a Pilar.

5 Completa el siguiente texto con los verbos en su tiempo adecuado.

Con la nueva normativa del carné por puntos, se penalizará con pérdida de puntos a aquellos conductores que (1) *adelanten* (adelantar) en zonas prohibidas, que (2) .... (conducir) ebrios o que no (3) .... (llevar) puesto el cinturón de seguridad. Asimismo será penalizado el conductor que (4) .... (circular) sin poseer el permiso de circulación, así como quien no (5) .... (tener) el vehículo asegurado. Por supuesto, todos aquellos conductores que (6) .... (ir) a una velocidad superior al doble de la permitida podrán ser sancionados hasta con la pérdida del carné.

Estas son las sanciones más frecuentes, pero si además usted (7) .... (hablar) por su móvil mientras conduce o no (8) .... (llevar) encendidas las luces en días de lluvia o niebla, será también sancionado.

En esta misma normativa se premia con puntos adicionales a los conductores que después de un año no (9) .... (ser) sancionados.

Esperamos que no sea usted uno de los primeros que (10) .... (sufrir) pérdida de puntos y que consiga después de un año los beneficios de la prudencia.

C SE ME HA ESTROPEADO EL COCHE

1 Completa el texto con las palabras del recuadro.

cinturón de seguridad • limpiaparabrisas • volante
faros • neumáticos • intermitentes • espejos retrovisores •
rueda • frenos • depósito de gasolina • carrocería

Antes de iniciar un viaje

En la época de vacaciones se multiplican los viajes largos en coche. Toma nota de nuestros consejos para llegar en forma a tu destino.

- Antes de arrancar comprueba que los (1) espejos retrovisores están colocados correctamente: en los laterales debes ver parte de la (2) ...., ya que un ángulo cerrado nos impedirá controlar algunos vehículos que nos adelanten por la izquierda.

- Si llevas pasajeros, recuerda que también deben ponerse el (3) ...., que es obligatorio incluso para las plazas traseras.

- Antes de ponerte en marcha es conveniente comprobar la presión de los (4) ...., para lograr una mayor estabilidad del vehículo. Asimismo comprueba la presión de la (5) .... de repuesto.

- Observa si las luces de los (6) ...., de los (7) .... y de los (8) .... están en buen estado.

- Conviene salir con el (9) .... lleno para tener un mayor margen de tiempo antes de realizar la primera parada.

- Es muy peligroso que los (10) .... estén deteriorados. Conviene cambiarlos al menos una vez al año.

- Acostúmbrate a llevar siempre las manos en el (11) ....: la maniobra de cambio de marchas debe ser rápida y efectiva.

El seguimiento de todos estos consejos, te ayudará a llegar a tu destino sano y salvo.

2 Lee el texto de nuevo y contesta a las siguientes preguntas.

1 ¿Cuál es la posición correcta de los espejos retrovisores?..................
2 ¿A quién obliga la ley a llevar puesto el cinturón de seguridad?..................
3 ¿Qué puede provocar una desestabilización del coche?..................
4 ¿Qué luces no pueden fallar al ponernos al volante?..................
5 ¿Qué parte del coche nos ayuda a mejorar la visibilidad en días de lluvia?..................

3 Construye frases utilizando los pronombres se + *me / te / le / nos / os / les*, como en el ejemplo.

Ej.: olvidar / llamarte / a mí: <u>Se me ha olvidado llamarte.</u>

1 perder / el móvil / a ella
....
2 caer / un diente / a él
....
3 escapar / el perro / a ellos
....
4 ir / el autobús / a nosotros
....
5 quemar / las lentejas / a ti
....
6 bloquear / el ordenador / a mí
....
7 inundar / la casa / a ellos
....
8 hacer / tarde / a vosotros
....
9 romper / el motor / a nosotros
....
10 estropear / las vacaciones / a ellos
....

4 ¿Qué les ha ocurrido a las siguientes personas? Construye las frases expresando involuntariedad en la acción.

1 (pinchar) ....

2 (manchar) ....

3 (acabar) ....

4 (escapar) ....

5 (ocurrir) ....

6 (quemar) ....

7 (caer) ....

8 (romper) ....

5 🔊15 Una vez al año, los vehículos de más de cinco años de antigüedad están obligados a pasar una Inspección Técnica (ITV). Escucha al propietario de un vehículo hablar con su mecánico sobre este tema. Indica de cuáles de los siguientes temas hablan en su conversación.

☐ 1 aceite
☐ 2 ruedas
☐ 3 anticongelante
☐ 4 batería
☐ 5 luces
☐ 6 correa del ventilador
☐ 7 limpiaparabrisas
☐ 8 amortiguadores
☐ 9 frenos
☐ 10 gases

6 🔊15 Escucha de nuevo la audición y contesta a las siguientes preguntas.

1 ¿Por qué lleva el cliente el coche a revisión?
2 ¿Qué problema tienen los frenos de su coche?
3 ¿Y las luces?
4 ¿Cada cuántos kilómetros se deben cambiar las ruedas de los coches?
5 ¿Qué controla especialmente la Inspección de Vehículos?
6 Aprovechando que el coche está en el taller, ¿qué otra cosa le sugiere al mecánico que haga?
7 ¿En qué caso llamaría el mecánico al cliente?
8 ¿Qué le pide el cliente al mecánico en el último momento?

7 Lee el siguiente texto y contesta a las preguntas.

1 ¿Quiénes son los máximos responsables de cuidar la seguridad en nuestras carreteras?
2 ¿Cuál es el objetivo fundamental de la existencia de unas reglas circulatorias?
3 ¿Por qué es necesaria su renovación con el paso del tiempo?
4 Si utilizas un aparato para localizar el lugar donde pueden medir a qué velocidad circulas, ¿a qué sanciones te expones?
5 ¿Qué nuevas obligaciones van a tener los peatones con las nuevas normas cuando las incumplan?

NUEVAS NORMAS DE CIRCULACIÓN

La seguridad vial nos afecta a todos. Los accidentes de circulación y sus graves consecuencias sociales, económicas y personales alcanzan tal magnitud que obligan, tanto a las administraciones públicas como a los ciudadanos, a no bajar la guardia en ningún momento y tratar de adecuarse a la realidad del tráfico en todas sus vertientes.

En el deseo de reducir al máximo las situaciones de riesgo en la conducción, se han previsto nuevas normas, entre las que se encuentran aquellas que recogen, y en su caso limitan, el uso de algunos elementos que forman parte de nuestra vida cotidiana y de la de nuestros vehículos, por ejemplo, serán sancionados los conductores que lleven el teléfono en la mano con 6 puntos menos; no estarán autorizadas las pantallas con imágenes ni los dispositivos de telepeaje que puedan alterar la atención del conductor…

Asimismo tendremos que aprender a reconocer algunas nuevas señales y, en particular, las que se refieren a los agentes de circulación. El Gobierno ha introducido una serie de novedades en estas nuevas normas de circulación. Ahora los conductores que circulen por las carreteras de España irán más seguros, pero tendrán nuevas exigencias. Los menores de edad tendrán una tasa cero de alcohol como conductores de cualquier vehículo (bicicletas, patinetes, etc.). Aquel que use un detector de radares corre el riesgo de perder tres puntos de su carné y pagar una sanción de hasta 6000 euros.

Otra de las novedades que incorpora la nueva Ley de Tráfico afecta a los peatones. Cuando la norma entre en vigor, los viandantes que cometan una infracción estarán obligados a someterse a una prueba de detección de drogas y de alcoholemia.

Ahora bien, tan importante como las novedades en sí es que los ciudadanos las conozcan y las pongan en práctica. El objetivo final es luchar contra los accidentes de tráfico y mejorar la seguridad vial, una seguridad que nos afecta a todos.

Dirección General de Tráfico

PROCESOS Y ESTRATEGIAS 5 — UNIDADES 9 Y 10

ESCUCHAR

1 🔊 16 Escuchas por la radio una información sobre una convocatoria de empleo público. Van a hablar de qué son los cupos de discapacidad y cómo funcionan. Escuchas con atención porque tienes un familiar con una discapacidad y quieres transmitirle toda la información. Lee lo que ha entendido tu familiar y señala si es verdadero (V) o falso (F) y justifica tu respuesta.

Tu familiar cree que:
1 Por su discapacidad no es necesario pasar las pruebas porque acceden directamente. ☐
2 Todos los tipos de discapacidad entrarán dentro del mismo cupo de plazas. ☐
3 Existe la posibilidad de que disponga de una hora más para realizar las pruebas. ☐

MEDIACIÓN ORAL

2 Ahora cuéntale a ese familiar (interpretado por tu compañero) las notas que has tomado mientras escuchabas el anuncio y aquella información que tú consideras importante para él.

MEDIAR CONCEPTOS

3 Formas parte del departamento de sostenibilidad de una empresa. Decide con tu grupo en qué empresa trabajáis y qué medidas vais a tomar para desarrollar un plan de sostenibilidad. Lee el texto y toma como partida el ejemplo de RENFE (principal empresa de transporte ferroviario de pasajeros y mercancías de España). Cada grupo tendrá un líder.

OPORTUNIDADES EN SOSTENIBILIDAD

Emprender de forma sostenible atrae automáticamente a inversores y empresas que quieren trabajar con proveedores respetuosos con el medioambiente. ¿Qué está demandando el mercado?

Las oportunidades en sostenibilidad son enormes, tanto si pensamos en hacer verdes negocios tradicionales que hoy no lo son, como si ideamos soluciones para dar respuesta a problemas actuales en sectores concretos. Y aquí los ODS (Objetivos de Desarrollo Sostenible) vuelven a ser una guía clave para detectar oportunidades.

"Los ODS nos marcan problemáticas y retos a los que nos enfrentamos como humanidad, que son muy amplios. Muchos van vinculados a países en desarrollo, como acabar con la pobreza y el hambre, y otros muchos se aplican a Europa y a España, como el desarrollo de ciudades más sostenibles, de una producción y consumo más responsables, el acceso a una educación de calidad, el envejecimiento activo, los temas de género, hay muchas problemáticas que a su vez son oportunidades de hacer cosas y de buscar modelos de negocio en torno a ello. Creo que son un buen hilo desde el que tirar", apunta Margarita Albors, presidenta de la Fundación Social Nest, que añade: "El tema salud por el COVID también está tomando mucha fuerza, así como la alimentación sostenible, el turismo sostenible, hay mucho que se puede hacer y que se está haciendo. Sin olvidar el papel de la tecnología en dar respuesta a estas temáticas, que también está siendo muy relevante".

Aquí exponemos un ejemplo o una pequeña muestra de por dónde van las cosas y cómo se puede ayudar a hacer realidad un proyecto sostenible:

UNA MOVILIDAD COLECTIVA ECO
Como modelo de sostenibilidad en el transporte llama la atención RENFE, que presume de ser la empresa líder del medio de transporte colectivo que menos contamina y el primer consumidor de energía eléctrica renovable de España. El 80 % de sus vehículos funcionan con energía eléctrica verde, con certificados de garantía de origen. El otro 20 % consume combustible diésel y están buscando alternativas para su sustitución por energías limpias, como gas natural licuado o libres de contaminación local y efecto invernadero, como las pilas de hidrógeno. También buscan la sostenibilidad en el uso de trenes: el 98 % de los materiales que utilizan en su construcción son materiales reutilizables. Y, en breve, la climatización, aislamiento e iluminación de los trenes se hará con sistemas de gestión inteligente para reducir el consumo de energía.

Adaptado de https://www.emprendedores.es

ESTRATEGIAS

Estrategias para mediar conceptos:

	Establecer las condiciones	Desarrollar las ideas
Colaborar en un grupo*	Facilitar la interacción colaborativa entre compañeros	Colaborar en la construcción de conocimiento
Liderar el trabajo en grupo**	Gestionar la interacción	Fomentar el discurso para construir conocimiento

*__El colaborador:__ expone y desarrolla sus ideas; ayuda a organizar la discusión informando sobre lo que otros han dicho, resumiendo, ampliando y sopesando los diferentes puntos de vista; plantea preguntas que provocan que los otros miembros del grupo reaccionen y expongan su perspectiva; contempla las dos caras de un problema con argumentos a favor y en contra, y propone una solución o un acuerdo.

**__El líder:__ da instrucciones; interviene para prestar apoyo y llamar la atención sobre determinados aspectos mediante preguntas e invitando a hacer sugerencias; anima a los miembros del grupo a exponer y desarrollar sus reflexiones y a aprovecharlas para dar con un concepto o llegar a una solución; interviene cuando es necesario para promover una participación más equitativa; construye sobre las ideas de los demás y las relaciona en líneas de pensamiento coherentes.

11 El clima

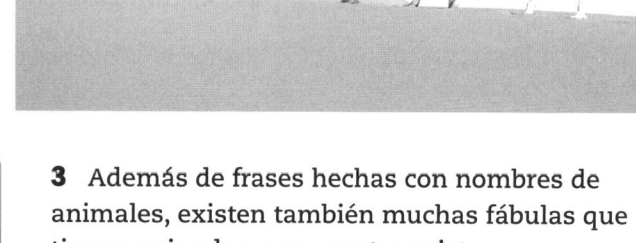

A ANIMALES

1 Relaciona cada columna para obtener una frase hecha con nombres de animales.

1	Hace un día de…	a	… camello
2	Estar más loco que una…	b	… tortuga
3	Ser más lento que una…	c	… el perro y el gato
4	Llevarse como…	d	… hormiga
5	Ser astuto como un…	e	… cabra
6	Ser tan terco como una…	f	… ruiseñor
7	Ser más cobarde que las…	g	… perros
8	Beber menos que un…	h	… zorro
9	Cantar como un…	i	… toro
10	Ser ahorrador como una…	j	… gallinas
11	Estar fuerte como un…	k	… mula

2 Completa con las frases hechas del ejercicio anterior.

1. Tu hermano insistía e insistía en que lo que él decía era verdad. No atiende a razones, *es tan terco como una mula*.
2. Todos entramos en aquella casa a pesar de que estábamos muertos de miedo. El único que no entró fue Antonio, ...
3. Recuerdo que cuando fuimos de excursión, llevamos solamente una cantimplora, menos mal que María ....
4. Jaime ha conseguido comprarse una casa. Gana muy poco, pero ....
5. Es mejor que quedemos otro día para dar el paseo, hoy ....
6. Daba gusto escucharle, yo iba a verlo actuar siempre que podía, ...
7. Siempre hay que insistirle para que haga las cosas y cuando las hace tarda siglos, ...
8. Si te alimentas bien, te pondrás ....
9. Creo que nunca he conocido a dos hermanos que tengan esa relación, ...
10. El verano pasado, cuando estuvimos en Galicia, fuimos a una playa y David se bañó diluviando, ...
11. Con su estrategia en la carrera demostró ....

3 Además de frases hechas con nombres de animales, existen también muchas fábulas que tienen animales como protagonistas.
Lee esta adaptación moderna de una fábula universal y completa los huecos con las preposiciones del recuadro.

desde • por • para (x 2) • hasta • sin

La fábula de la cigarra y la hormiga en versión moderna

Había una vez una Hormiguita y una Cigarra que eran muy amigas. Durante todo el verano y el otoño, la Hormiguita trabajó (1) *sin* parar, almacenando comida (2) .... el invierno. No aprovechó el sol, la brisa suave al caer la tarde, ni la charla con amigos, tomando una cervecita después de un día de labor.

Mientras tanto, la Cigarra solo andaba cantando con los amigos en los bares de la ciudad, no desperdició ni un minuto siquiera, cantó durante todo el otoño, bailó, aprovechó el sol, disfrutó muchísimo sin preocuparse por el mal tiempo que estaba (3) .... venir. Pasados unos días, terminó el otoño y empezó el frío, la Hormiguita, exhausta de tanto trabajar, se metió en su pobre guarida, repleta (4) .... el techo de comida.

Entonces, alguien la llamó por su nombre (5) .... fuera y cuando abrió la puerta tuvo una sorpresa mayor, al ver a su

4 Escribe al menos 5 diferencias que existen entre esta adaptación y la fábula original. (Si no conoces la fábula original, búscala en internet).

Fábula original	Fábula adaptada

5 Vuelve a leer la fábula y transforma en estilo indirecto los diálogos que aparecen en el texto.

1 La Cigarra saludó a la hormiga y le dijo que iba a pasar el invierno en París y que si podría cuidar de su casita.

2 La Hormiga le respondió que ....

3 Y la Cigarra le respondió que ....

4 Y la Hormiga le dijo que ....

amiga, la Cigarra, conduciendo un poderoso y hermoso Ferrari y con un valioso abrigo de pieles.

La Cigarra le dijo: "¡Hola amiga! Voy a pasar el invierno en París. ¿Podrías cuidar de mi casita?".

La Hormiguita respondió: "¡Claro! Sin problemas. ¿Pero qué ha pasado? ¿Dónde has conseguido el dinero (6) .... ir a París, comprar este Ferrari, y ese abrigo tan bonito y tan caro?".

Y la Cigarra respondió: "Pues algo increíble. Estaba cantando en un bar la semana pasada, y a un productor francés le gustó mi voz. Firmé un contrato para hacer espectáculos en París. A propósito, ¿necesitas algo de allí?".

"Sí", dijo la Hormiguita, "si te encontraras a La Fontaine (autor de la fábula original), dile, de mi parte, ¡que 💣☠💣☠"

Moraleja...

Aprovecha la vida, aprende a dosificar trabajo y diversión, pues trabajar demasiado solo trae beneficios en las fábulas de La Fontaine.

11

B EL CLIMA

PERO, ¿ES EL HOMBRE EL CAUSANTE DEL CAMBIO?

La idea de que la (1) temperatura global está aumentando es unánime entre los científicos; las causas, sin embargo, pueden encontrarse en múltiples orígenes e interaccionar entre ellas. Aun así, los últimos informes científicos demuestran que la influencia humana es cada vez más evidente y puede diferenciarse de causas naturales, como la (2) ...., las (3) .... o la misma variabilidad interna del clima.

Para entenderlo se tienen que tener en cuenta los factores que determinan la temperatura terrestre. La (4) .... es el motor climático del planeta. Cuando las radiaciones llegan a la (5) ...., una pequeña parte de ellas se refleja y se pierde en el espacio; el resto llega a la superficie terrestre que, a su vez, absorbe una parte y refleja el resto, pero con una diferencia, las radiaciones han cambiado sus características físicas al entrar en la atmósfera y aunque han penetrado sin dificultad ya no se les permite salir y son absorbidas. Este fenómeno, conocido como (6) ...., es causado por los gases que componen la atmósfera. El vapor de agua, el dióxido de carbono, el metano, el óxido nitroso y otros gases de origen industrial son los principales responsables de la retención del calor.

El (7) .... en sí es un fenómeno natural y, además, imprescindible para mantener una temperatura relativamente alta y constante que permita la vida en el planeta. Pero, desde la Revolución Industrial, la concentración de los gases que lo producen se ha disparado y no cesa de aumentar. Actividades humanas, en especial la quema de combustibles fósiles, la (8) .... y determinadas prácticas agrícolas han convertido el (9) .... en el principal gas de efecto invernadero, con un aumento del 31 % desde 1750. Otros gases como los CFC (clorofluorocarbonos) ni siquiera existirían en la atmósfera si no fuera por las actividades industriales.

La contribución porcentual de estas actividades en el cambio climático no está bien determinada, lo que sí se sabe con certeza es que la temperatura aumenta por su causa y que su influencia será mayor en el futuro.

(Adaptado de www.lavanguardia.es)

1 Lee el texto y completa con las palabras del recuadro.

> irradiación solar • energía solar
> temperatura global • dióxido de carbono • atmósfera
> efecto invernadero (x 2)
> erupciones volcánicas • deforestación

2 Señala la respuesta correcta a las siguientes preguntas.

1 ☐ ¿Cuáles son las causas del cambio climático según el texto?
   a El hombre
   b Causas naturales
   c Ambas

2 ☐ ¿Fue siempre negativo el efecto invernadero?
   a Sí
   b No, porque antes permitía mantener una cierta temperatura
   c No, porque ahora es una vía de escape de la concentración de gases

3 ☐ ¿Cuál es la causa del efecto invernadero?
   a La concentración de gases
   b Los combustibles fósiles y las prácticas agrícolas
   c Las actividades industriales

3 Completa las frases con las palabras del recuadro.

> absorberla • ciclón • nevadas • desbordaran
> tormenta • sudar • deshidratación • huracán
> se normalizó • inundadas • precipitaciones

1 Las <u>precipitaciones</u> provocaron desprendimientos en algunas carreteras y se temió que varios ríos se ...., aunque durante el día la situación ....
2 Cuando hace mucho calor, una persona puede llegar a .... un litro de agua cada dos horas. El organismo enviará esa cantidad de agua a la piel aunque para ello tenga que .... del espacio extracelular.
3 Los especialistas aconsejan que las personas beban aproximadamente un vaso de agua cada media hora para evitar la ....
4 En las próximas horas se esperan lluvias y ....
5 El paso del .... dejó las islas ....
6 El .... Joyce tiene, en estos momentos, la categoría de ....

4 Elige la opción adecuada.

1 Aunque me <u>seleccionen</u> / **seleccionan** para el trabajo, lo rechazaré.
2 Por más que **grite** / **gritó**, nadie la va a oír.
3 Aunque **hayas aprobado** / **has aprobado**, no has salido en las listas.
4 Tuve mucho frío, aunque **iba** / **fuera** muy abrigado.
5 Aunque **hubieras venido** / **habías venido**, no te habría servido de nada.
6 No lo entenderé jamás aunque me lo **expliques** / **explicas** miles de veces.
7 Aquel día habíamos salido muy temprano aunque no **fuera** / **había sido** muy normal en mi familia.
8 Aunque **tienes** / **tengas** treinta años, tendrás los mismos gustos que ahora.
9 Lo diría una y otra vez aunque **estuviera** / **había estado** mal dicho.
10 Por mucho que **llovió** / **lloviera**, no ha servido para erradicar la sequía.

5 🔊17 Escucha la predicción del tiempo para mañana en España y dibuja los símbolos donde consideres necesario.

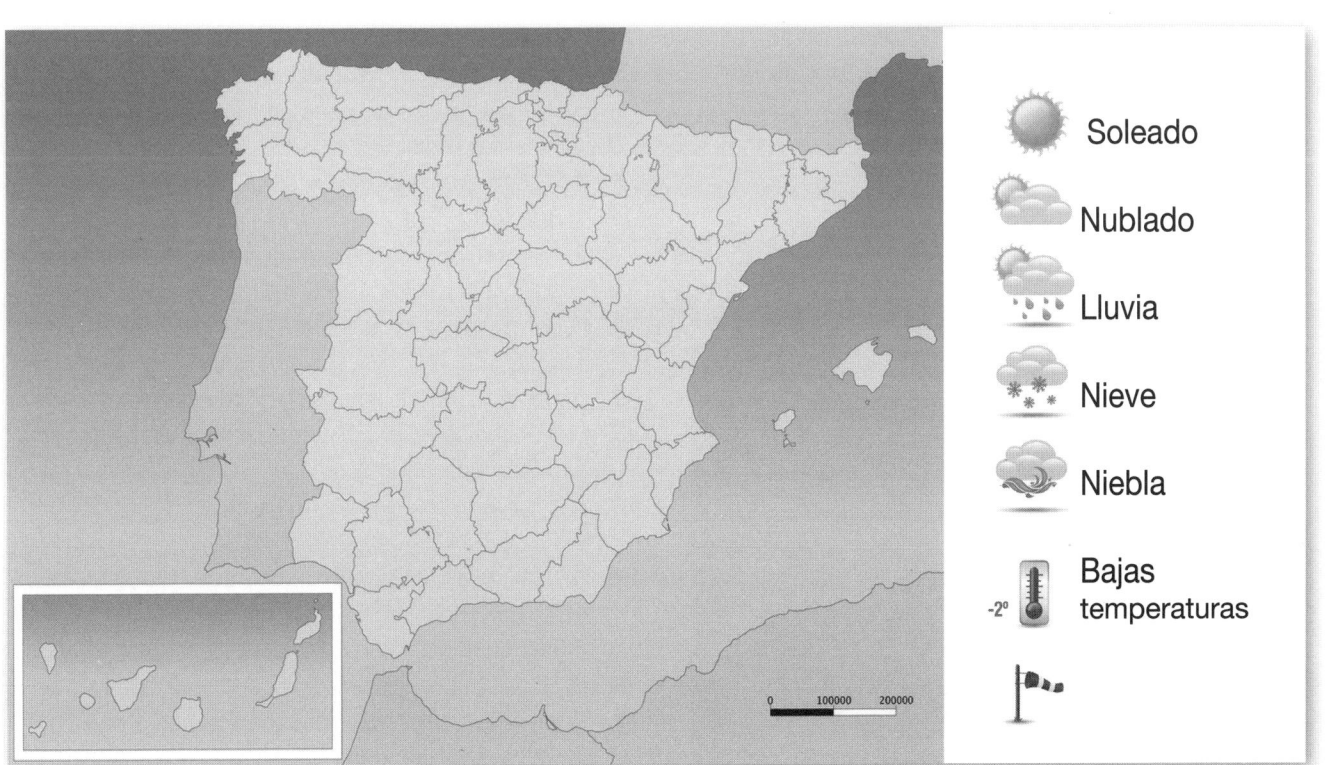

11

C DESASTRES NATURALES

1 Completa con el verbo en su forma adecuada.

¿Qué hacer frente a un tsunami?

1. Si vive en la costa y _siente_ (sentir) un terremoto lo suficientemente fuerte para agrietar muros, es posible que dentro de los veinte minutos siguientes .... (poder) producirse un maremoto o tsunami.

2. Si es alertado de la proximidad de un maremoto o tsunami, ... (situarse) en una zona alta de al menos 30 metros sobre el nivel del mar.

3. Si observa que el mar deja en seco grandes extensiones del fondo marino, ... (correr), no .... (detenerse), ... (alejarse) hacia una zona elevada.

4. Si se encuentra en una embarcación, ... (dirigirse) rápidamente mar adentro.

5. .... (Tener) siempre presente que un tsunami puede penetrar por ríos, quebradas o marismas, varios kilómetros tierra adentro, por lo tanto hay que alejarse de estos.

6. Un tsunami puede tener diez o más olas destructivas en 12 horas; .... (procurar) tener a mano ropa de abrigo, especialmente para los niños.

7. .... (Instruir) a su familia sobre la ruta de huida y lugar de reunión posterior.

8. .... (Guardar) un aparato de radio portátil que le permita estar informado y pilas secas de repuesto.

2 ¿De qué palabras provienen estos diminutivos?

1. flaquita: _flaca_
2. pobrecillo: ....
3. abuelete: ....
4. boquita: ....
5. guapillo: ....
6. cinturita: ....
7. dientecillos: ....
8. rellenito: ....
9. plazuela: ....
10. naricilla: ....
11. maletín: ....
12. amiguitos: ....

3 Completa las siguientes frases con algunas de las palabras de la actividad anterior.

1. **A** ¡No me habías dicho que tu hermano estuviera como un tren!
   B Bueno, chica, es _guapillo_, pero no es para tanto.
2. No sé por qué se empeña en hacer dietas continuamente, tiene una .... de avispa.
3. **A** ¡Tengo que ponerme a dieta, me he puesto como una foca!
   B Hombre, no es para tanto, solo estás un poco ....
4. ¡Qué rico es tu bebé! ¡Anda!, pero si ya tiene ....
5. ¡Vaya .... que tienes! Al final se lo soltaste todo y ella se enteró de la fiesta sorpresa que le estábamos preparando.
6. **A** ¿Te has enterado? Mario ha tenido un accidente.
   B ¡....................! ¿Qué tal está?
7. **A** ¿Has llevado a la niña al pediatra?
   B Sí. Yo sigo pensando que está un poco .... para su edad.
8. ¡Qué .... más respingona tenías de pequeño!
9. Cuando era pequeña, quedaba con mis amigos en la .... del pueblo.
10. Carlos está muy envejecido, parece un ....
11. ¿Quieres ir a jugar al parque con tus ....?
12. Me he dejado el .... en la oficina.

4 Completa el crucigrama.

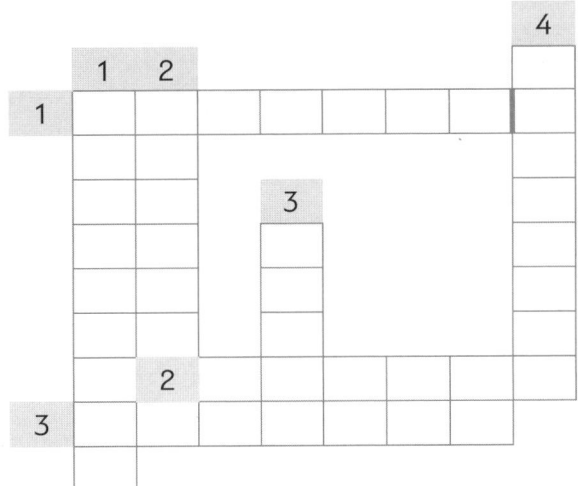

HORIZONTAL:
1 Serie de enormes olas oceánicas creadas por un disturbio submarino.
2 Abertura en la tierra, normalmente en una montaña, por donde salen humo, llamas y materiales a altas temperaturas.
3 Viento muy fuerte que avanza en círculos.

VERTICAL:
1 Temblor de la tierra.
2 Tiempo seco de larga duración.
3 Viento muy fuerte o huracán en el mar.
4 Emisión de materias sólidas, líquidas o gaseosas por aberturas o grietas de la corteza terrestre.

5 🔊 18 Escucha a un locutor en la radio, que habla sobre las medidas generales ante un huracán. Aquí tienes algunas imágenes relacionadas con el texto que vas a escuchar. ¿Cuáles se mencionan y qué se dice sobre ellas?

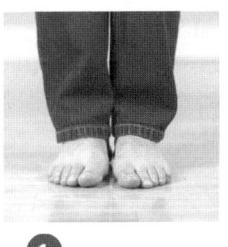
1 ....

2 ....

3 ....

4 ....

5 ....

6 ....

7 ....

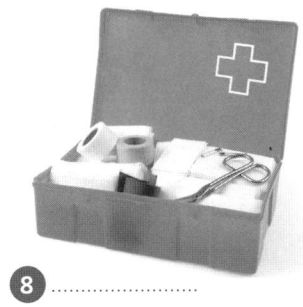
8 ....

9 ....

10 ....

11 ....

12 ....

setenta y nueve **79**

12 Arte y literatura

A POESÍA Y NOVELA

1 Lee este fragmento de una novela de una conocida autora española. Completa el texto con los tiempos verbales correspondientes. Te servirá para repasar las oraciones condicionales y el subjuntivo.

—Verás, papá, este verano voy a cumplir diecisiete años... —intentaba improvisar, pero él echó una ojeada a su reloj y, como de costumbre, no me dejó terminar.
—Uno, si quieres dinero, no (1) hay (haber) dinero, no sé en qué os lo gastáis. Dos, si te quieres ir en julio a Inglaterra a mejorar tu inglés, (2) .... (yo, parecer) muy bien, y a ver si convences a tu hermana para que (3) .... (irse) contigo, estoy deseando que me dejéis en paz de una vez. Tres, si vas a suspender más de dos asignaturas, este verano (4) .... (tú, quedarse) estudiando en Madrid, lo siento. Cuatro, si te quieres sacar el carné de conducir, te compro un coche en cuanto (5) .... (tú, cumplir) dieciocho, con la condición de que, a partir de ahora, (6) .... (tú, ser) tú la que pasee a tu madre. Cinco, si te has hecho del Partido Comunista, (7) .... (tú, estar) automáticamente desheredada desde este mismo momento. Seis, si lo que quieres es casarte, te lo (8) .... (yo, prohibir) porque eres muy joven y harías una tontería. Siete, si insistes a pesar de todo, porque estás segura de haber encontrado el amor de tu vida y si no te dejo casarte (9) .... (tú, suicidarse), primero me (10) .... (yo, negar) aunque posiblemente, dentro de un año, o a lo mejor hasta dos, (11) .... (yo, terminar) apoyándote solo para perderte de vista. Ocho, si has tenido la sensatez, que lo dudo, de buscarte un novio que te (12) .... (convenir) aquí en Madrid, puede subir a casa cuando (13) .... (él, querer), preferiblemente en mis ausencias. Nueve, si lo que pretendes es llegar más tarde por las noches, no te dejo, las once y media ya está bien para dos micos como vosotras. Y diez, si quieres tomar la píldora, me parece bien, pero que no (14) .... (enterarse) tu madre.

ALMUDENA GRANDES
(Adaptado de *Malena es un nombre de tango*)

Almudena Grandes

2 En el texto aparecen cinco palabras o frases características de un registro coloquial y de la lengua oral. Busca en el texto estas cinco palabras o frases, que signifiquen:

1 Mirar rápidamente. Echar una ojeada
2 No molestar. ....
3 Cometer un error. ....
4 No verte más. ....
5 Nombre para referirse cariñosamente a los niños. ....

3 Elige la preposición adecuada. Si pudieran ser las dos opciones explica el significado de cada una de ellas.

1 La comisión de fiestas tiene prevista una gran verbena amenizada **por** / **para** las orquestas Asia e Internacional.
2 Es la única ocasión anual en la que bajan **por** / **para** el río Esca los remeros.
3 Resulta muy difícil entender hoy cómo aquel horror pudo pasar inadvertido **por** / **para** el resto de la población.
4 Aquel día iniciaron una amistad **por** / **para** siempre.
5 El domingo televisaron el partido **por** / **para** un canal autonómico.
6 El acceso a la carretera que conduce a tu casa se encuentra cerrado **por** / **para** obras.
7 Salió de la oficina como un rayo **por** / **para** entrar minutos después pidiendo mil y una disculpas.
8 El ordenador se ha convertido en una herramienta esencial **por** / **para** trabajar.
9 Parte de la deuda está relacionada con los trabajos realizados **por** / **para** la empresa Prochacón.
10 La obra del escritor fue considerada como una ofensa **por** / **para** muchos de sus amigos.

4 Relaciona cada frase con el valor que aporta la preposición *por* o *para* dentro de ella.

1. Lo metieron en la cárcel por delincuente.
2. Quiero verlo para hablar con él.
3. Empezamos a salir allá por el año 89.
4. Mañana mismo nos iremos para Galicia.
5. Tu hermano saltó la verja y entró por la ventana.
6. Solamente me cortaría el pelo por mucho dinero.
7. Estuve toda la tarde paseando por el barrio.
8. El coche ha sido robado por unos individuos enmascarados.
9. Para Juan, el país más increíble es Japón.
10. Las obras del estadio habrán finalizado para el 2020.

a. Complemento agente
b. Lugar, a través de
c. Lugar, dirección
d. Lugar aproximado
e. Tiempo aproximado
f. Opinión
g. Finalidad
h. Tiempo
i. Intercambio
j. Causa

5 Completa con la preposición más adecuada, *por* o *para*.

1. Para lo que hablaste, hubiese sido mejor que te quedaras en casa.
2. El paquete de correos que ha llegado es .... ti, ábrelo.
3. Al final conseguí el reloj .... 30 € menos.
4. .... ver a Joaquín Cortés hay que pagar 60 € por persona.
5. No han podido mudarse a su nueva casa porque todavía estaba la mudanza .... hacer.
6. La cláusula quinta del contrato fue aprobada .... unanimidad.
7. Me ha tocado un vale .... canjear por cualquier producto de la marca Tiver.
8. ¡María!, ¡date prisa!, te llaman .... teléfono.
9. Por favor, no salgas a la calle .... la puerta principal.
10. Tu artículo ya está .... salir. En pocos días podremos ver la revista en el kiosco.

6 🔊19 Completa el siguiente relato corto con las preposiciones *por* y *para*. Después, escucha y comprueba tus respuestas.

La mujer del molinero fue despertada (1) .... el inoportuno trueno. Asombrada, descubrió que su marido no se encontraba a su lado. Corrió al comedor y, aferrando una rama del fuego, la acercó a la esfera del reloj. Apenas hacía una hora que se habían acostado.

Horas después, simuló dormir cuando escuchó el delator chirrido de la puerta. Él, sigiloso, se desnudó (2) .... acostarse con esmerada prudencia. Así transcurrieron las noches. Ella lo esperaba despierta, como siempre, y se acostaban juntos. Cuando la creía dormida, volvía a levantarse y se marchaba una vez más (3) .... volver dos horas más tarde.

Ahogada (4) .... la intriga un día lo siguió. Asombrada, lo vio entrar en el molino y cargar algunos sacos de harina en el carro de reparto. Seguramente los había molido a escondidas, cuando la invitaba a irse a casa un poco antes que él una vez terminada la jornada. Pronto sacó sus conclusiones: el muy ruin, avaro (5) .... naturaleza, seguro que pensaba canjear los sacos en el burdel (6) .... algún que otro favor. La miseria azotaba el feudo, a causa de la pasada peste, y las prostitutas aceptarían el alimento como caído del cielo. ¡Maldito mil veces! Ya lo había visto antes mirar de reojo hacia aquella casa de indecencia camino de la panadería.

Así, la mujer continuó siguiéndolo todas las noches, una tras otra, (7) .... sorprenderlo en plena acción, mas la sorpresa fue suya: el primer saco lo dejó en casa de la viuda, una desgraciada mujer de pellejos colgantes, envejecida antes de tiempo (8) .... el desgaste de criar a cuatro hijos. El molinero iba dejando los sacos en las puertas de las familias más miserables y hambrientas del feudo, (9) .... volver al hogar con el carro vacío. Mientras lo guardaba en el molino, la torpe espía corrió a su casa y se acostó... A los pocos minutos, llegó el marido con el sigilo de siempre. Se desvistió y se echó en la cama. Con el tiempo, se comenzó a escuchar (10) .... el feudo una extraña leyenda sobre un duende nocturno que robaba la harina del molino repartiéndola entre los más necesitados. El duende castigaba de esta forma la conocida avaricia del molinero, que jamás se apiadó de nadie. Ningún aldeano lo pudo ver nunca, pues el que lo viera perdería sus gracias y favores.

Así vivió aquella familia con sus secretos y misterios. Ella jamás le preguntó a él adónde se marchaba todas las noches... Él tampoco se atrevió a averiguar la razón (11) .... la que al volver le esperaban en la mesa bollos recién hechos acompañados de un gran tazón de leche.

12

B TURISMO CULTURAL

Los desafíos del patrimonio histórico

La Pedrera

España es uno de los destinos turísticos del mundo más demandados. En gran parte, los turistas que visitan nuestro país anualmente son atraídos por el clima y la oferta lúdica, pero un amplio porcentaje es seducido también por la belleza de sus monumentos y la singularidad de su cultura, algo que es uno de los grandes alicientes del turismo interior. El turismo cultural se está convirtiendo en uno de los grandes ganchos de esta gran industria del ocio –la Unesco la considera la más importante del mundo, por encima de la industria automovilística o química–, que se ha expandido en los últimos años en todo el mundo provocando una competencia feroz entre países, ciudades y parajes más o menos naturales.

Pero la turística es una industria depredadora –basta ver en qué ha sido convertida gran parte de la costa española– que nunca descansa y que fagocita todo aquello que encuentra. La riqueza que genera tiene sus contrapartidas en los daños, físicos y de apreciación estética, que la presencia masiva de turistas provoca en el patrimonio cultural. Es un problema común a muchos países, desde Egipto, en donde se plantean limitar el acceso al valle de los Reyes, a Francia, en donde cunde la preocupación por que el país se convierta en un parque temático.

El debate cultural sobre el fenómeno ha comenzado a tomar forma y una prueba es el encuentro profesional que ha sido celebrado en Barcelona, titulado "Nuevas políticas para el turismo cultural. Desafíos, rupturas y respuestas", que organiza la Fundación Caixa Catalunya, entidad que quiere liderar el debate sobre la relación entre turismo y cultura como gestora que es de La Pedrera, de Gaudí, calificada como Patrimonio de la Humanidad. Ha sido una oportunidad para analizar la situación de algunos de los principales objetivos del turismo cultural en España que oscilan entre el cierre total y la afluencia sin control.

(Adaptado de *El País*)

1 Lee este texto acerca del turismo cultural en España. En él aparecen cuatro construcciones pasivas. ¿Cuáles son?

1 ....   3 ....
2 ....   4 ....

2 Busca en el texto qué palabras o frases significan lo siguiente.

1 Relativo al juego: lúdica
2 Circunstancia que hace interesante un lugar: ....
3 Atracción que se siente hacia algo o hacia alguien: ...
4 Tiempo libre: ....
5 Grande, enorme: ....
6 Lugar: ....
7 Que roba o saquea con violencia y destrozo: ....
8 Absorber: ....
9 Multitudinaria: ....
10 Variar: ....

3 Completa las construcciones pasivas que aparecen en el texto.

> visitado • acometidas • demostrado
> dominada • invertida • inaugurado

MUSEO DEL PRADO
El poder de las exposiciones temporales

El Museo del Prado ha descubierto que la tendencia de los visitantes ha sido (1) .... por las grandes exposiciones temporales. Esto ha sido (2) .... por un estudio reciente que dice que los españoles que visitan estas muestras son el 60 %, y el resto son extranjeros, cuando la proporción de los que acuden cada día es la contraria. La afluencia de público está (3) .... por el público extranjero, que ya ha superado los dos millones de personas al año. El Día Internacional del Museo, con entrada gratuita, fue (4) .... por 11 000 personas. El director del museo señala la exposición de Velázquez en 1990, con medio millón de visitantes, como la llamada de urgencia para plantearse la ampliación con el claustro de los Jerónimos, que fue (5) .... en 2006, después de un retraso respecto a los grandes museos, cuyas reformas fueron (6) .... en los años setenta y ochenta.

4 Completa las frases con la forma pasiva con *ser* o *estar*.

1 Esta mañana su hermano ha sido galardonado (galardonar) con el premio Guay.
2 El edificio .... (construir) el próximo año por la empresa encargada de su diseño.
3 El cuchillo .... (hallar) por su vecino cuando paseaba por un parque cercano.
4 Los presuntos asesinos .... (encarcelar) desde ayer por la noche.
5 Cuando tú llamaste, la programación de la televisión ya .... (suspender).
6 Cuando terminó de dar la conferencia .... (abuchear) por toda la gente de la sala.
7 El cristal ya .... (romper) antes de que tú llegaras.
8 Cada año las aceitunas .... (recoger) para elaborar el famoso aceite de oliva.
9 En aquella época, las chicas .... (invitar) al cine por sus parejas.
10 Aquella mujer .... (sentenciar) a tener aquel final desde que conoció a su compañero.
11 Recuerdo que todas las navidades la cena .... (preparar) por tu madre.
12 Durante la construcción del embalse en 1974, ... (encontrar) miles de fósiles que nunca .... (declarar).
13 Los rehenes .... (retener) por los atracadores durante más de seis horas.
14 Las fiestas de mi pueblo .... (suspender) porque no hay gente voluntaria para formar una comisión de fiestas.
15 El escritor .... (plagiar) en innumerables ocasiones por sus propios admiradores.

5 Completa las siguientes frases con los siguientes verbos en participio.

> traducir • reparar • resolver • castigar
> fabricar • reservar

1 Ayer vino el técnico a revisar la lavadora. ¡Por fin está .... porque no funcionaba!
2 El caso está .... El juez ha decidido que el acusado pague una multa.
3 Mi hijo hoy no sale a jugar: está ....
4 El libro está .... al inglés, pero al francés no.
5 Este producto está .... en España y es de muy buena calidad.
6 Disculpe, ¿está .... este asiento?

C ¿SIGUES PINTANDO?

1 Elige la perífrasis verbal correcta. Fíjate en el significado de la frase.

1. El otro día tuve que / debí ir a pasar la revisión al coche.
2. No dejo de / vuelvo a pensar en el cotilleo que me has contado esta mañana.
3. Llevo / Voy estudiando español desde que te conozco.
4. Si quieres mejorarlo, debes de / debes repetirlo una y otra vez.
5. Hubo que / Debimos de hacerlo, no nos quedó otro remedio.
6. Tu tío tiene / lleva perdido tanto dinero en el juego que ya he perdido la cuenta.
7. A pesar de su edad, sigue / lleva estudiando como si tuviera 20 años.
8. Si no cuentas los días festivos, el curso vuelve a / viene a durar unos 15 días.
9. Debe de / Acababa de hacer frío. Veo que todos llevan bufanda y guantes.
10. Nunca había tenido que / debido de esperar tanto por una persona como hoy.

2 Marca la forma o formas que pueden utilizarse en las siguientes frases.

1. Llevo entrevistados a más de cien candidatos para el puesto de trabajo.
   a Hemos   **b** Tengo   **c** Llevo
2. .... preparando este examen desde hace al menos dos semanas.
   a Llevo   **b** Sigo   **c** Empecé
3. ¿Has .... pagar alguna vez alguna letra al banco?
   a tenido que   **b** dejado de   **c** venido a
4. Cuando le dijeron la noticia, ... saltar como un loco.
   a se puso a   **b** volvió a   **c** tuvo que
5. Después de intentarlo una y otra vez, ... dejarlo por imposible.
   a dejó de   **b** hubo que   **c** vino a
6. Justo en el momento en el que se fue .... diluviar.
   a empezó a   **b** vino a   **c** tuvo que
7. Nunca entenderé tus reacciones, ... cambiar tu forma de ser.
   a deberías   **b** volverías a   **c** tendrías que

3 Explica el valor de las perífrasis verbales que aparecen en las siguientes oraciones.

1. Llevo esperando mi oportunidad laboral desde que terminé mis estudios.
   Continuidad
2. **A** ¿Cuántos kilómetros hay desde tu casa al colegio? **B** Vienen a ser 3 kilómetros y medio.
   ....
3. Cuando hablé con ella, ya llevaba recorrida la cuarta parte del camino.
   ....
4. No vuelvas a insultarme delante de mis superiores. No te lo permito.
   ....
5. Debes estudiar más si quieres tener una buena calificación.
   ....
6. Debemos de ser de los primeros en la lista.
   ....
7. He dejado de conducir en cuanto me he enterado de la noticia.
   ....
8. Hubo que sacarlo de allí con los medios de los que disponíamos.
   ....

PERÍFRASIS VERBALES

Son agrupaciones verbales que funcionan como una sola forma verbal.

- Continuidad
  Lleva exponiendo cuadros desde hace diez años.
- Interrupción y terminación
  María Luisa ha dejado de ir a clase de pintura porque no avanzaba.
- Obligación o necesidad
  Su hijo debe estudiar más si quiere aprobar.
- Probabilidad o suposición
  Este hombre debe de ser muy rico, mira qué coche lleva.
- Repetición
  Álvaro ha vuelto a tener un accidente con el coche.
- Aproximación
  Este pintor viene a ganar veinte mil euros en cada exposición.

4 Lee el comienzo de *Cien años de soledad*, el conocido libro de Gabriel García Márquez y complétalo con las perífrasis verbales del recuadro.

> consiguió disuadirlo • ~~había de recordar~~ • logró desenterrar • llevó a conocer
> ha de sobrarnos • se empeñó en demostrar • había que señalarlas • daban a conocer
> tratando de desenclavarse

Muchos años después, frente al pelotón de fusilamiento, el coronel Aureliano Buendía (1) <u>había de recordar</u> aquella tarde remota en que su padre lo (2) .... el hielo. Macondo era entonces una aldea de veinte casas de barro y cañabrava construidas a la orilla de un río de aguas diáfanas que se precipitaban por un lecho de piedras pulidas, blancas y enormes como huevos prehistóricos. El mundo era tan reciente, que muchas cosas carecían de nombre, y para mencionarlas (3) .... con el dedo. Todos los años, por el mes de marzo, una familia de gitanos desarrapados plantaba su carpa cerca de la aldea, y con un grande alboroto de pitos y timbales (4) .... los nuevos inventos. Primero llevaron el imán. Un gitano corpulento, de barba montaraz y manos de gorrión, que se presentó con el nombre de Melquíades, hizo una truculenta demostración pública de lo que él mismo llamaba la octava maravilla de los sabios alquimistas de Macedonia. Fue de casa en casa arrastrando dos lingotes metálicos, y todo el mundo se espantó al ver que los calderos, las pailas, las tenazas y los anafes se caían de su sitio, y las maderas crujían por la desesperación de los clavos y los tornillos (5) ...., y aun los objetos perdidos desde hacía mucho tiempo aparecían por donde más se les había buscado, y se arrastraban en desbandada turbulenta detrás de los hierros mágicos de Melquíades. "Las cosas tienen vida propia –pregonaba el gitano con áspero acento–, todo es cuestión de despertarles el ánima".
[...] Úrsula Iguarán, su mujer, que contaba con aquellos animales para ensanchar el desmedrado patrimonio doméstico, no (6) .... "Muy pronto (7) .... oro para empedrar la casa", replicó su marido. Durante varios meses, (8) .... el acierto de sus conjeturas. Exploró palmo a palmo la región, inclusive el fondo del río, arrastrado los dos lingotes de hierro y recitando en voz alta el conjuro de Melquíades. Lo único que (9) .... fue una armadura del siglo XV con todas sus partes soldadas por un cascote de óxido, cuyo interior tenía la resonancia hueca de un enorme calabazo lleno de piedras.

Gabriel García Márquez con su libro *Cien años de soledad*

5 Relaciona cada perífrasis verbal que aparece en el texto con su valor.

1. iban precipitando
2. volvía a plantar
3. llevaba pregonando
4. había que señalarlas
5. debía de ser
6. venía llamando
7. había de recordar

a. futuro o condicional
b. idea de progresión en el desarrollo de un proceso
c. expresa la necesidad de manera impersonal
d. repetición
e. algo que se repite en el pasado y se acerca al presente
f. continuidad
g. probabilidad o suposición

PROCESOS Y ESTRATEGIAS 6 — UNIDADES 11 Y 12

ESCUCHAR

1 🔊 20 Escuchas un programa en la radio sobre la erupción de un volcán que hubo en España en 2021. No conocías esta noticia y prestas atención porque tienes un amigo geólogo al que crees que le puede interesar. Toma notas.

MEDIACIÓN ESCRITA

2 Escribe un correo a tu amigo y resúmele lo que acabas de oír.

HABLAR

3 Eres una persona muy pesimista. Lee tus respuestas del ejercicio 5 de la página 79 y expresa tu opinión negativa sobre las situaciones de las que se habla en el audio. Fíjate en el ejemplo.

Aunque tuviéramos suficiente comida, no podríamos calentarla porque no tendríamos electricidad y no funcionarían las cocinas.

ESCRIBIR

4 Piensa en una novela, película u obra de teatro que has leído o visto recientemente y escribe un texto en el que expreses tu reacción.

ESTRATEGIAS

Expresar una reacción personal a un texto creativo consiste en:

1. Explicar qué te gustó o interesó de la obra (entendiendo obra como una historia, una novela, una película o una obra de teatro).
2. Describir a los personajes, indicando con cuál(es) te identificas.
3. Relacionar aspectos de la obra con tu propia experiencia.
4. Describir sentimientos y emociones.
5. Hacer una interpretación personal de la obra en su conjunto o de aspectos de ella.

Para ello, debes:

1. Presentar con claridad tus reacciones a una obra y desarrollar tus ideas apoyándote en ejemplos y argumentos.
2. Proporcionar tu interpretación personal del desarrollo del argumento, los personajes y temas de una historia, una novela, una película o una obra de teatro.
3. Describir tu respuesta emocional a una obra y explicar en detalle cómo la obra te ha provocado esta respuesta.
4. Expresar con cierto detalle tus reacciones a la forma de expresión, el estilo y el contenido de una obra, explicando qué apreciaste y por qué.

ESTRATEGIAS

Para hacer un resumen debes:

1. Comprender: Si deseas hacer un buen resumen, debes asegurarte de comprender la información. Es probable que necesites escuchar el contenido de lo que vas a resumir más de una vez.
2. Separar las ideas principales de las secundarias. Después de tomar notas, es necesario separar las ideas principales y las secundarias.
3. Transcribir las ideas separadas: Después de clasificar las distintas ideas, debes transcribirlas a una hoja en blanco, tratando de formar párrafos coherentes con ellas.
4. Redactar el resumen. Después de organizar los puntos más importantes, redacta un nuevo texto.
5. Perfeccionar el resumen. Una vez escrito el nuevo texto, será necesario leerlo algunas veces para asegurarse de que proporciona toda la información deseada. En este punto, puedes realizar todos los ajustes que consideres oportunos.

LEER

5 Lee el siguiente texto, subraya todas las perífrasis verbales y explica qué significado tienen.

> Todo el día había estado lloviendo y ya debían de ser las cinco. Habíamos establecido que a las siete empezarían. Sin embargo, Marcial seguía dándole vueltas al asunto y no estaba del todo decidido. Incluso pensó que había que abandonar el proyecto, que todo era absurdo, pero, de nuevo, volvía a considerar que no se podía hacer otra cosa. "Hay que ser fuerte" –se decía a sí mismo–, "debo intentarlo". No obstante, llamó por teléfono a su compañero, que por entonces debía de estar preparándose para salir, pero cuando fue a descolgar el auricular, vio que había dejado de llover y una firme decisión volvió a apoderarse de su ánimo.

PRONUNCIACIÓN

Ortografía de la *g* y *j*

Se escriben con *g*

- Palabras con final *-gélico, -genario, -géneo, -génico, -genio, -génito, -gesimal, -gésimo, -gético:* homogéneo, congénito, ingenio, vigésimo
- Palabras con inicial *gest-*: gestoría, gesticular…

Se escriben con *j*

- Pretérito imperfecto de subjuntivo de *decir, traer* (y sus derivados) y verbos terminados en *-ducir*: trajeras, produjera…
- Palabras con final *-jera, -jería, -jerío, -jero*: tijeras, consejería, consejero…

6 Completa el siguiente crucigrama con palabras que lleven *g* o *j*.

Horizontal:
1. Que tiene entre 80 y 89 años.
2. Organismo vivo que ha sido modificado mediante la adición de genes.
3. Persona que cuida de un lugar en el que hay animales.

Vertical:
1. Cualidad y condición de extranjero.
2. Coincidir con otra persona en carácter o inclinaciones coincidentes.
3. Perteneciente o relativo a la energía.

MEDIACIÓN ORAL

7 En grupos de tres tenéis que asumir diferentes roles. Habrá un estudiante a favor de ir a ver una película al cine, otro estudiante a favor de ir a ver una obra de teatro y un tercer estudiante que mediará entre ellos e intentará que lleguen a un consenso.

ESTRATEGIAS

Para facilitar la comunicación en situaciones delicadas o de desacuerdo, debes:

1. Intentar que las partes en desacuerdo formulen posibles soluciones con el fin de ayudarles a alcanzar un consenso, formulando preguntas abiertas y neutrales.
2. Reformular y replantear sus posturas de manera más clara y priorizando necesidades y objetivos.
3. Identificar, mediante preguntas, puntos de acuerdo.
4. Señalar los puntos principales de desacuerdo y explicar las posturas de las partes implicadas.
5. Resumir las afirmaciones realizadas por las dos partes, destacando los puntos de encuentro y los obstáculos para el acuerdo.

ACTIVIDADES **VÍDEO 1**

Supongo que se lo contarás

A ANTES

1 Fíjate en las expresiones en negrita, ¿sabes qué significan? ¿Existen expresiones similares en tu lengua? Coméntalo con tus compañeros.

1 Luis es muy pesimista, **lo ve todo negro**.
2 Pedro siempre está contento, siempre sonriendo, nunca se enfada, para él **la vida es de color de rosa**.
3 Es muy difícil discutir con Laura, para ella **las cosas son blancas o negras**.

B DURANTE

2a Mira el vídeo sin sonido. ¿Cómo recuerda Mar la época en la que Pau la invitó por primera vez a visitar Benicàssim? Escribe un texto explicándolo. (00:00-00:46)

Mar recuerda que...
....
....
....
....

2b Vuelve a ver el vídeo, esta vez con sonido, y comprueba tu respuesta.

3 Mira el vídeo y señala si las afirmaciones son verdaderas (V) o falsas (F). (00:46-01:41)

Mar:

1 Cree que Nuria piensa que dejó a Pau por otro chico. ☐
2 Siente que Nuria no quiere juzgarla. ☐
3 Dejó a Pau porque se enamoró de otra persona. ☐

Nuria:

1 Le recuerda a Mar la foto que se hizo con otro chico. ☐
2 Está enfadada porque Mar ha dejado a Pau. ☐
3 Intenta saber si la relación se acabó por la monotonía. ☐

UNIDADES 1/2   **Conocerse mejor / El futuro que viene**

4a Con la información que tienes hasta el momento, ¿por qué piensa Nuria que Mar dejó a Pau? ¿Cuáles son tus suposiciones sobre los motivos por los que Mar ha dejado a Pau? Coméntalo con tus compañeros.

- Pues... quizá es Pau el culpable, habrá hecho algo malo y Mar habrá intentado perdonarlo, pero no ha podido.
- No, no lo creo. Yo pienso que Mar se habrá dado cuenta de que no estaba enamorada de Pau. Habrá conocido a alguien más interesante, pero no se lo habrá querido decir a Pau y tampoco sabrá cómo explicárselo a Nuria.

4b Mira el vídeo y contesta a las preguntas. (01:43-03:05)

1 ¿Qué le ponía nerviosa a Mar de Pau?

2 ¿Qué le molestaba a Mar de Pau?

3 ¿Qué le pasaba a Mar cuando Pau leía los correos de Mar?

4 ¿Qué no soportaba Mar de Pau?

5 ¿Cómo reaccionó Pau cuando Mar le explicó sus sentimientos?

6 ¿Qué supone Mar que hará Nuria después de la conversación?

7 ¿Qué siente Mar por Pau?

C   DESPUÉS

5 Piensa en una relación de pareja y contesta a las preguntas. Coméntalo con tus compañeros.

1 ¿Qué te saca de quicio?
2 ¿Qué te pone nervioso/a?
3 ¿Qué te molesta?
4 ¿Qué no soportas?

6 ¿Conoces a alguien que haya vivido una situación similar a la de Mar y Pau? Coméntalo con tus compañeros.

- Un amigo mío tenía una novia que era muy celosa, no soportaba que él hablara con sus amigas y tampoco que saliera con sus amigos. Un día lo siguió hasta su trabajo, vio que entraba en un bar a tomar un café con una compañera y entonces ella entró muy nerviosa, le chilló, bueno... creo que fue terrible y ahí se terminó la relación.
- Pues yo tuve un novio que era como Pau, al principio muy bien, pero fue cambiando y cada vez era más celoso. Quería acompañarme a todos los sitios, no me dejaba respirar. Me ponía muy nerviosa que estuviera siempre controlándome.

ACTIVIDADES VÍDEO 2

Lo importante es mantener la amistad

A ANTES

1a ¿Conoces la diferencia entre bocata, bocadillo y sándwich? Coméntalo con tus compañeros.

1b El bocata de calamares de Madrid, o los serranitos en Andalucía, son algunos de los bocadillos famosos en España. ¿Hay algún bocadillo típico en tu país? ¿Cuál es tu bocadillo favorito? Coméntalo con tus compañeros.

Bocadillo de calamares   Serranitos

En Bruselas hay un bocadillo muy típico, se llama un *mitraillette*, una metralleta. Lleva carne, cebolla caramelizada, muchas patatas fritas y salsa, es difícil de cerrar para comer. A mí no me gusta mucho. Mi favorito, desde que lo probé, es el bocata de jamón ibérico.

B DURANTE

2a Mar y Pau se hacen reproches. Mira el vídeo y completa las frases. (00:00-00:59)

1 Si Mar hubiera sabido que su exnovio estaba en Benicàssim, y que se lo iba a encontrar por casualidad, Mar…
2 Si Mar le hubiera explicado a Paul lo que le molestaba, Pau…
3 Pau habría entendido a Mar si…
4 Pau no se habría enfadado si Mar…
5 Si Pau fuera más independiente…
6 Pau cree que si quieres a alguien…
7 Mar cree que si confías (confiás) en alguien…

2b Fíjate en estas dos frases que aparecen en el vídeo, ¿estás de acuerdo con lo que afirman? Coméntalo con tus compañeros.

1 Si quieres a alguien, no le ocultas nada.
2 Si confías en alguien, no pensás que te engaña.

■ Bueno, yo creo que, en una pareja, la sinceridad es importante. Sin embargo, aunque la quieras mucho, no le cuentas todo, todo, no sé… a veces hay cosas que le comentas a tus amigos, pero no a tu pareja…

● No estoy de acuerdo, en mi opinión, en una pareja no puede haber secretos, además, si no se lo cuentas todo no puede haber confianza…

UNIDADES 3/4   Comida y salud / Socialización

3 Mira el vídeo y señala si las afirmaciones son verdaderas (V) o falsas (F). (00:59- 02:16)

1. Álex y Pau están cansados de caminar por la montaña. ☐
2. Álex hace estiramientos para evitar el dolor de espalda. ☐
3. Pau y su prima tienen problemas por las tareas de casa. ☐
4. Los padres de Álex le dan toda la libertad para que haga su vida. ☐
5. Álex, cuando tenga dinero, se independizará. ☐
6. Pau tiene total confianza en sus amigos. ☐
7. Álex, en el lugar de Pau, perdonaría a su exnovia. ☐

4a Pau y Álex hacen una parada en su excursión para comer algo. Mira el vídeo y responde a las preguntas. (02:16-02:37)

1. ¿Qué come cada uno?
2. ¿A quién crees que le preocupa más la alimentación? ¿Por qué?

4b La tortilla de Álex está preparada con huevos ecológicos de su abuela. ¿Y tú, consumes productos ecológicos?, ¿y productos locales? Coméntalo con tus compañeros.

- Yo no consumo productos ecológicos porque son muy caros, solo los huevos. Pero sí que me gusta comer la verdura y la fruta local, y de temporada. No me gusta comer fresas en invierno, no tienen sabor.
- Sí, es verdad, normalmente los productos ecológicos son muy caros. Pero mis padres viven cerca de una granja de producción ecológica y todas las semanas van a comprar allí la carne, la verdura, la fruta y los huevos. Es más barato que en las tiendas.

5a Mira el vídeo y contesta a las preguntas. (02:37-02:58)

1. ¿De quién recibe Pau un mensaje?
2. ¿Cuál es el contenido del mensaje?
3. ¿Qué quiere hacer Pau después de ver el mensaje?
4. ¿Cuál es la reacción de Álex?

5b ¿Qué crees que le aconsejará Álex a Pau? ¿Qué crees que hará Pau? Comenta tus hipótesis con tus compañeros.

- Yo creo que Álex quiere convencer a Pau para que no vaya a ver a Mar, pero me parece que es inútil, hasta que Mar no le diga que se ha enamorado de otro chico, Pau no la olvidará. Creo que en cuanto termine de comer el bocata, dejará a Álex y se irá a ver a Mar.
- ¿Sí? No sé... tal vez Álex pueda convencerlo de que no es buena idea ir a ver a Mar...

5c Mira el vídeo y comprueba tus hipótesis. (02:54-03:37)

C DESPUÉS

6 Vamos a hacer un juego de roles. Trabajarás en pareja con tu compañero, cada uno tenéis que elegir el papel que queréis representar.

PAU	AMIGO DE PAU
Sigues enamorado de Mar, pero crees que nadie te entiende. Tú lo que quieres es ayuda para volver con ella, así que le pides consejos y recomendaciones a un amigo.	Te preocupa lo mal que lo está pasando Pau y quieres ayudarlo. Por una parte, piensas que debería olvidar a Mar, pero por otra parte quizá podría recuperarla. Intentas darle consejos para las dos posibilidades.

ACTIVIDADES **VÍDEO 3**

Un ruido insoportable

A ANTES

1 Fíjate en la imagen, ¿comprendes qué significa una ciudad de ensueño? ¿Conoces otros lugares que cumplan las características que se mencionan? Coméntalo con tus compañeros.

- Una ciudad de ensueño
- Espectaculares vistas
- Lugar ideal
- Ubicación inmejorable

■ Para mí una ciudad de ensueño es Estambul: sus mezquitas, el ambiente en las calles, la mezcla de Europa y Asia, es como una ciudad de cuento. Y un lugar con espectaculares vistas es la Torre Eiffel, ver París desde arriba es increíble.

● No conozco Estambul, pero para mí una ciudad de ensueño es Sevilla, el centro, la parte antigua, las calles, los bares, la gente tan simpática, los carros con caballos. Para mí es una ciudad con magia.

B DURANTE

2a Mira el vídeo sin sonido en el que Mar explica su experiencia con el alquiler de un apartamento en Benicàssim. ¿Está contenta Mar con el apartamento que ha alquilado?, ¿por qué? Coméntalo con tus compañeros. (00:00-00:53)

■ Yo creo que Mar esperaba un lugar con mejores vistas, y no le gusta…

● Bueno, pero tiene jardín y puede tomar el sol, pero parece que no le gusta el jardín tampoco, no sé por qué…

2b Vuelve a mirar el vídeo, esta vez con sonido, y comprueba tus hipótesis. (00:00-00:53)

UNIDADES 5/6 — Consumo / Medios de comunicación

3 Mira el vídeo y señala la opción correcta. (00:53-02:00)

1 Pau quiere que Nuria...
- a le ayude a llamar a Mar.
- b le dé un consejo sobre Mar.
- c averigüe qué imprevisto tiene Mar.

2 Nuria cree que Pau...
- a está preocupado por Mar.
- b quiere ayudar a Mar.
- c piensa demasiado en Mar.

3 Nuria quiere comprar un ventilador...
- a que sea de buena calidad y barato.
- b por internet porque no le gustan los de las tiendas.
- c que Pau piensa que es demasiado caro.

4a Pau recibe un mensaje en el móvil mientras está hablando con Nuria e inmediatamente se va al salón. ¿De quién crees que es el mensaje? ¿Por qué se va al salón? Coméntalo con tus compañeros.

4b Mira el vídeo y comprueba tus hipótesis. (02:00-02:23)

5a Vuelve a ver el vídeo y señala si las afirmaciones son verdaderas (V) o falsas (F). (02:13-03:20)

1 Pau habla con Mar para saber si está bien.
2 Mar está viendo otros apartamentos para cambiarse.
3 La agencia le pide a Mar los meses de fianza habituales.
4 Pau no quiere explicárselo a Nuria.
5 Mar ha solicitado un préstamo al banco para el alquiler.
6 Mar necesita estar trabajando para conseguir el préstamo.
7 Mar aún tiene ahorros, pero no le llegan para pagar la fianza.
8 Pau entiende el problema de Mar y le desea suerte.

5b ¿Qué crees que hará Pau después de la conversación con Mar?

- Pues... yo creo que hablará con Nuria para que ayude a Mar, seguramente le pedirá si puede quedarse con ellos hasta que encuentre un apartamento.
- Yo creo que no se lo dirá a Nuria, creo que él le dejará el dinero a Mar para la fianza...

C DESPUÉS

6 Mar se siente mal porque el apartamento no es como le habían explicado y no encuentra otro. Ponte en el lugar de Mar y escribe una carta de reclamación a la empresa del alquiler del apartamento.

ACTIVIDADES **VÍDEO 4**

Festivales de música

A ANTES

1a Fíjate en las imágenes, son fotos del Festival Internacional de Música de Benicàssim. ¿Qué sabes de este festival? Busca en internet información sobre este festival y coméntala con tus compañeros.

1b ¿Conoces otros festivales de música? ¿Hay alguno famoso en tu país? Coméntalo con tus compañeros.

- En Holanda hay un festival muy famoso, el Summer Jam, que se celebra en verano. Es un festival de música hip hop. Yo fui una vez, hace tiempo, pero no me gusta mucho este tipo de música.
- A mí tampoco me gusta el hip hop, prefiero la música electrónica. Yo suelo ir todos los años al Tomorrowland, ¿lo conoces? Es un festival que se celebra en Bélgica...

B DURANTE

2a Mira el vídeo sin sonido y elige el texto que crees que corresponde con lo que sucede en el vídeo. (00:00-00:50)

1 Álex quiere invitar a Mar a un concierto que se celebra todos los años y le muestra fotos. Mar está muy contenta porque le encanta la música y le dice a Álex que lo acompañará. Pau está con Nuria y, siguiendo las instrucciones de su prima para intentar olvidar a Mar, no participa en la conversación de Álex y Mar.

2 Álex le muestra a Mar fotos de un concierto en el que estuvieron los dos. Mar recuerda lo mucho que le gustó y lo divertido que se lo pasó con su amiga y los amigos de Álex. Mar y Álex charlan tranquilamente mientras Nuria y Pau preparan unas bebidas para todos. Pau no está muy cómodo con la situación.

2b Vuelve a ver el vídeo con sonido y comprueba tu hipótesis. (00:00-00:50)

3 Mira el vídeo y completa las frases. (00:00-00:50)

1. Mar recordaba que, en verano, ... el Festival Internacional de Musica de Benicàssim.
2. Mar no tenía ni idea de ....
3. Álex le pregunta a Mar si recuerda .... en el concierto de Rosalía.
4. Mar no podía creer que Álex y sus amigos .... todas las canciones.
5. Álex tampoco podía creer que Mar y su amiga .... todas las coreografías.
6. Mar esperaba que ...., pero superó todas sus expectativas.
7. A Álex le da pena que Pau ....
8. Pau desea que Álex .... batería.
9. Pau cree que será de noche cuando Álex .... enseñarle las fotos a Mar.

UNIDADES 7/8   Ocio / Viajes

4a Mira el vídeo y contesta a las preguntas. (00:51-01:27)

1. Según Pau, ¿por qué se ríe Álex de todo lo que dice Mar?
2. ¿Tiene la misma percepción Nuria?
3. ¿Qué le sorprende a Nuria?
4. ¿Qué crees que hará Pau?

4b Mira el vídeo y comprueba tu hipótesis de la pregunta 4. (01:27-01:52)

5 Mira el vídeo y señala si las afirmaciones son verdaderas (V) o falsas (F). (01:27-03:00)

1. Pau solo le ofrece bebida a Mar porque Álex no tiene sed. ☐
2. Pau intenta sentarse al lado de Mar y captar su atención. ☐
3. Álex cree que a Mar le encantará el festival Rototom. ☐
4. La mayoría de los que van al Rototom son jóvenes. ☐
5. En el Rototom, muchas personas duermen en tiendas de campaña. ☐
6. Mar propone ir el sábado al festival. ☐
7. Álex piensa que es buena idea ir todos juntos. ☐
8. Nuria propone para todos otro plan alternativo al concierto. ☐
9. Álex prefiere ir al concierto que al cine de verano. ☐
10. Pau se siente muy contento con la idea de su prima. ☐

C   DESPUÉS

6 Observa los siguientes datos sobre algunos de los hábitos de tiempo libre de los jóvenes españoles que tienen entre 15 y 29 años. ¿Crees que hacen un buen uso del tiempo libre? ¿Es igual en tu país? Coméntalo con tus compañeros.

ACTIVIDADES	%
Chatear o navegar por internet	74,6
Ver series, películas	68,5
Estar con amigos	54,6
Hacer deporte	40,6
Leer libros, revistas o cómics	36,1
Ir al cine, conciertos y espectáculos	30,9
Ir a bares / ir de copas	25,1
Visitar museos, exposiciones	12,6

(Fuente: información extraída del informe "Jóvenes, ocio y TIC. Una mirada a la estructura vital de la juventud desde los referentes del tiempo libre y las tecnologías". Centro Reina Sofía sobre adolescencia y juventud. En https://www.adolescenciayjuventud.org/publicacion/jovenes-ocio-tic/)

- A mí me parece que pasan demasiado tiempo en internet, y me sorprende el tiempo que le dedican a la cultura. Creo que los jóvenes en mi país dedican más tiempo libre al deporte, aunque es verdad que también pasan mucho tiempo con internet.

- Pues yo creo que internet es un gran problema para los jóvenes de todo el mundo. Muchos no salen de casa y se aíslan de sus amigos. A mí me parece que esto es un problema cada vez más grave porque...

ACTIVIDADES VÍDEO 5

¿Y qué tal tu primer día de trabajo?

A ANTES

1 Fíjate en algunas de las ventajas e inconvenientes del teletrabajo y del trabajo en una oficina. ¿Estás de acuerdo? ¿Es mejor trabajar desde casa o en la oficina? Debátelo con tus compañeros.

Trabajo en una oficina o en una empresa	
Ventajas	Inconvenientes
• Tienes más vida social con los compañeros. • Es mejor para los proyectos en equipo. • Solo trabajas las horas que corresponden a tu jornada laboral. • Hay menos riesgo de sedentarismo.	• Gastas más dinero en transporte, comida, ropa… • Pierdes tiempo en los traslados. • Es más difícil la conciliación familiar con el trabajo. • Es más rígido el horario porque tienes que fichar.

Teletrabajo	
Ventajas	Inconvenientes
• Ahorras dinero y tiempo. • Es más fácil la conciliación familiar con el trabajo. • Puedes realizar tareas de casa mientras trabajas. • Los trabajadores son más productivos.	• Estás más desconectado de la empresa. • Acabas trabajando más horas. • Necesitas tener un espacio adecuado en tu casa. • Necesitas mayor disciplina de horarios de trabajo y pausas.

B DURANTE

2a Mira el vídeo sin sonido. ¿Qué crees que ocurre? Coméntalo con tus compañeros. (00:00-00:30)

Creo que, en el fondo, a Mar le sigue gustando Pau, y como sabe que vive con su prima Nuria, le ha pedido a Nuria si puede quedarse en su casa mientras encuentra un piso…

2b Vuelve a ver el vídeo con sonido y comprueba tus hipótesis.

3a Completa las frases con el conector correspondiente del cuadro y transforma los infinitivos en el tiempo correspondiente de indicativo o subjuntivo. (00:00-00:30)

siempre que • mientras (que) • con tal de que • en caso de • a no ser

1. (1) .... que no (2) .... (encontrar) pronto un apartamento que me guste y sea barato, aceptaré la propuesta de Nuria.
2. Mis padres volverán a finales de septiembre, (3) .... que (4) .... (cambiar/ ellos) de plan. (5) .... (6) .... (estar / ellos) fuera, te puedes quedar aquí.
3. Me quedo, (7) .... (8) .... (dejarme) pagar algo en concepto de alquiler.

3b Vuelve a ver el fragmento del vídeo y comprueba tus respuestas.

UNIDADES 9/10 — Encontrar trabajo / Crimen y castigo

4 Mira el vídeo y contesta a las preguntas. (00:31-01:33)

1 ¿De qué partes del coche de Nuria le han robado el embellecedor?
....

2 ¿Por qué Nuria no denunció el robo?
....

3 ¿Qué solución le ofrece Mar?
....

4 ¿Qué otros problemas tiene el coche?
....

5 ¿Cómo quiere ayudar Mar a Nuria?
....

5 Mira el vídeo y señala la opción correcta en cada caso. (01:33-03:18)

1 Mar piensa que Nuria…
- ☐ **a** es muy afortunada por trabajar desde casa.
- ☐ **b** se siente mal porque no tiene compañeros de trabajo.
- ☐ **c** debería fichar en el trabajo cada día.

2 Nuria se queja de…
- ☐ **a** no poder fichar en el trabajo como Mar.
- ☐ **b** ser autónoma y no tener jefes.
- ☐ **c** trabajar más horas de lo normal.

3 Sobre su primer día de trabajo, Mar comenta que…
- ☐ **a** no le gustan sus compañeros de trabajo.
- ☐ **b** el trabajo está lejos y mal comunicado.
- ☐ **c** necesitaría un coche para ir al trabajo.

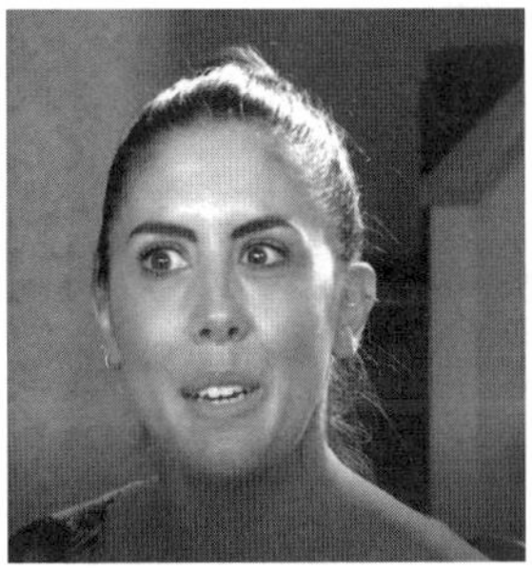

4 Mar quiere agradecer la ayuda de Nuria…
- ☐ **a** preparándole la cena mientras ella termina el trabajo.
- ☐ **b** pidiendo su comida favorita a domicilio para la cena.
- ☐ **c** arreglándole el coche cuando reciba su primer salario.

Mar

Nuria

C DESPUÉS

6 En el vídeo has visto que a Nuria le han robado dos embellecedores del coche y, sin embargo, no ha denunciado el robo a la policía. ¿Te parece que ha hecho lo adecuado? ¿Qué habrías hecho tú en su lugar? ¿Hay muchos robos en tu ciudad? Coméntalo con tus compañeros.

- Yo en su lugar hubiera denunciado el robo, no me parece normal que no lo denuncie, así los ladrones continúan robando sin ningún problema ni control.

- Llevas razón, lo que pasa es que depende del lugar en el que vivas, si hay mucha delincuencia y robos es probable que la policía no pueda hacer nada en caso de robos pequeños. En mi ciudad, por ejemplo, hay muchos robos de bicicletas, la policía lo sabe, a veces encuentran al ladrón, pero como son robos menores…

ACTIVIDADES VÍDEO 6

Aunque no quiera

A ANTES

1 En relación con el cambio climático, hay personas catastrofistas y personas más constructivas. Utiliza las perífrasis del cuadro para escribir ejemplos de las posiciones de cada grupo.

seguir + gerundio
llevar + gerundio
dejar de + infinitivo
deber + infinitivo
tener que + infinitivo
volver a + infinitivo
deber de + infinitivo

El cambio climático
Los catastrofistas
Debemos aceptar que la vida en la Tierra se extinguirá, llevamos años quemando el planeta.
Los constructivos
Si seguimos reciclando y cuidando las emisiones de gases, volveremos a recuperar la calidad del aire.

B DURANTE

2a Mira el vídeo sin sonido, ¿de qué crees que hablan? Coméntalo con tus compañeros. (00:00-00:19)

2b Vuelve a ver el vídeo con sonido y comprueba tus hipótesis. (00:00 – 00:19)

3a Mira el vídeo y señala a quién corresponde cada una de estas ideas, Mar (M), Pau (P), Nuria (N) o Álex (A). (00:19 – 00:59)

1 Frente al cambio climático hay que ser constructivo y evitar transmitir una actitud catastrofista. ___
2 La gente no seguirá luchando si cree que no puede evitar el cambio climático. ___
3 La gente debe luchar para evitar el empeoramiento del calentamiento global. ___

3b ¿Y tú, con quién estás más de acuerdo? Coméntalo con tus compañeros.

- Yo estoy de acuerdo con Pau, me parece que la situación actualmente es muy grave y aunque los gobiernos intenten buscar soluciones, es muy difícil. ¿Tú qué opinas?
- Pues... no sé, Pau me parece muy pesimista, creo que tiene razón Nuria, aunque la situación sea difícil hay que ser positivos.

4a Pau quiere conocer la opinión de Mar. Mira el vídeo y contesta a las preguntas. (00:59-01:30)

1 ¿Qué recuerdos le vienen a la cabeza a Mar cuando Pau le pregunta?
2 ¿Qué crees que responderá Mar sobre el vídeo de Pau?

Yo creo que Mar está de acuerdo con Nuria y Álex y seguro que le hace cambiar de opinión a Pau, porque Pau no quiere discutir con Mar, y quiere que se sienta bien...

4b Mira el vídeo y comprueba tus hipótesis a la respuesta de la pregunta 2. (01:31- 01:48)

UNIDADES 11/12   El clima / Arte y literatura

5 Mira el vídeo y señala si las afirmaciones son verdaderas (V) o falsas (F). (01:48 – 02:43)

Pau opina que:
1. El cambio climático genera olas de calor que provocan incendios. ☐
2. Los incendios de antes eran más peligrosos que los de ahora. ☐
3. Limpiar los bosques con cabras no evitará los incendios. ☐

Nuria piensa que:
4. El vídeo de Pau no se ajusta al tema de los incendios forestales. ☐

Álex cree que:
5. Los incendios son consecuencia del cambio climático. ☐

Mar piensa que:
6. El cambio climático no es el causante de los incendios forestales. ☐

6a A Pau se le acaban las vacaciones y tiene que marcharse. Mira el vídeo y contesta a las preguntas. (02:44 –03:01)
1. ¿Cómo viaja Pau?
2. ¿Quién lo acompaña?

6b En el vídeo has visto que Nuria y Mar están esperando a Pau para despedirse. ¿Qué piensas que ocurrirá? Contesta a las preguntas y comenta tus hipótesis con tus compañeros.
1. ¿De quién crees que se despedirá primero Pau, de Mar o de Nuria?
2. ¿Qué crees que le dirá a cada una de ellas?
3. ¿Cómo reaccionarán Nuria y Mar?

6c Mira el vídeo y comprueba tus respuestas del apartado B. (03:01-04:06)

C DESPUÉS

7 ¿Te ha gustado cómo termina el vídeo? En grupos vais a crear un nuevo final y lo representaréis al resto de la clase.

TRANSCRIPCIONES

UNIDAD 1

C UNA ÉPOCA PARA RECORDAR

4 Pista 1

P.: ¿Cómo empezó a cantar?

R.: A los 16 años era la única chica del instituto a la que le gustaba la zarzuela y no la música moderna. No tenía muchos amigos, me enteré de que había un coro en el pueblo y me apunté.

P.: ¿Entonces se unió al coro para buscar amigos o su verdadero objetivo era cantar?

R.: Bueno, yo cantaba desde siempre, pero no pensaba ser cantante. Iba al coro porque me encontraba con gente que tenía mis mismos intereses, con la que tomaba un café y hablaba de cosas interesantes. Mi vocación era ser maestra.

P.: ¿Para usted qué significaba entonces su propia voz?

R.: Para mí, nada. Era una circunstancia con la que había nacido, como quien tiene los ojos azules o el pelo rubio... No lo supe apreciar hasta mucho más tarde. Cuando me iba a Córdoba a estudiar, el director del coro me dijo: "Pero, oye, ¿por qué no pruebas a estudiar canto? Tienes cualidades y deberías pensártelo". Le dije: "Es que yo no quiero ser cantante". "Bueno, tú estudias y cuando vuelvas de vacaciones nos lo cuentas", me respondió.

P.: ¿Y qué pasó?

R.: Pues que iba a la universidad por la mañana y al conservatorio por la tarde. Y como no había hecho un curso de solfeo en la vida, tuve que empezar con niños de ocho años. Yo tenía 18.

P.: ¿Le gustan las dificultades?

R.: Me niego a lo fácil. No es que quiera hacer las cosas más difíciles, es que me parece que el camino del sacrificio es el camino real; lo sencillo no lleva a ninguna parte. Mi abuelo era un hombre de campo y de pueblo que tenía una sabiduría popular. Me dijo que la mente tenía que mandar en el cuerpo, que siempre tenía que estar por encima. Que el cuerpo me pediría pereza y cosas sencillas, pero que la mente estaba ahí para ordenarle lo contrario.

P.: ¿De dónde le viene la buena voz?

R.: De este abuelo. Era tenor; nadie le había enseñado a cantar y su voz estaba impostada de manera natural. Cantaba en la iglesia. Por parte de mi padre todos son músicos, músicos de banda, como es tradicional por aquí.

UNIDAD 2

A OBJETOS IMPRESCINDIBLES

4 Pista 2

Los juguetes tradicionales exigen esfuerzo físico y destreza para competir sin violencia.

Según Mario Vázquez, diseñador de juguetes tradicionales, los juguetes de plástico y electrónicos limitan la capacidad física e inventiva de los niños, los hacen individualistas, los aíslan y en muchos casos los inducen a la violencia.

Por otro lado, los juguetes tradicionales exigen al niño convivencia social, esfuerzo físico y destreza para competir sin violencia, como es el caso del yoyó, las canicas, etc., a diferencia de los juguetes modernos, en los que solo manipulan teclas, observan a distancia y no les exigen una participación directa.

El predominio de estos nuevos juguetes y su uso cada vez mayor en sectores sociales urbanos, advirtió Mario Vázquez, se está traduciendo no solo en el desplazamiento de una tradición de juegos "útiles y divertidos", sino en la "imposición de modelos diferentes de cultura" que propenden a limitar la capacidad de imaginación y esfuerzo de los niños.

No hay que olvidar que los niños son como esponjas. A veces destruyen los juguetes cuyo mecanismo y uso no pueden asimilar. En cambio, cuando entienden y aprenden su utilidad en términos de participación directa y creatividad propia en su juego, los cuidan y se preocupan por conservarlos.

Por todo ello, un grupo de expertos ha adquirido uno de los programas de rescate de la juguetería mexicana más audaces de la última década: la construcción de juguetes por cuenta de los niños.

"Se trata de que los niños –explican– aprendan a hacer sus propios juguetes, que los dibujen, armen, pulan, pinten, que les hagan variantes, los diseñen, rediseñen y reinventen. De que sientan que son obra suya y que jueguen y compartan con otros niños. Mediante este procedimiento habremos logrado una grata experiencia en la lucha por rescatar el juguete mexicano".

PROCESOS Y ESTRATEGIAS 1

1 Pista 3

CARMELA: ¿Sabes Martín? Yo, de mayor, viviré en una aldea en la montaña, tendré animales y plantaré mi propio huerto.

MARTÍN: ¡No me lo creo! ¿Tú?, ¿en la montaña?, ¿en una aldea?

CARMELA: ¿Por qué te hace tanta gracia? ¿No me imaginas con mis animales y mi huerto?

MARTÍN: Pues no, para nada. Te imagino en una gran ciudad yendo a conciertos y a espectáculos, saliendo por la noche y rodeada de tecnología. Yo creo que tu futuro será algo así.
CARMELA: ¡Qué equivocado estás! Pero... ¿dónde te crees que he nacido? ¿En Singapur? ¿En Silicon Valley?
MARTÍN: No, pero tampoco has nacido en una aldea remota perdida en la montaña.
CARMELA: No tiene por qué estar relacionado el lugar en el que naces con el lugar en el que te gustaría vivir. Y yo, ahora, creo que la mejor opción en un futuro será la de ir a vivir a una aldea remota.
MARTÍN: ¡Cómo has cambiado, hermanita! ¿Quién te ha metido esa idea en la cabeza? ¡Tú cree todo lo que te digan!
CARMELA: ¿Por qué dices eso? Nadie me ha dicho nada. Es más, también sé lo que harás tú... Tú vivirás en una gran ciudad, en una urbanización a las afueras, tendrás un coche familiar muy grande y dos perros. Tu casa tendrá un gran jardín con muchas plantas y una gran barbacoa... ¿A que tengo razón?
MARTÍN: Puede. Nunca me lo había planteado de esa manera. Ya veremos.

3 Pista 4
1. ¿Sabes, Martín?
2. ¡No me lo creo!
3. ¿Tú? ¿En la montaña? ¿En una aldea?
4. ¡Qué equivocado estás!
5. ¡Tú cree todo lo que te digan!
6. ¿A que tengo razón?
7. Ya veremos.

UNIDAD 3

A VIDA COTIDIANA

3 Pista 5
Limpieza de las hortalizas
A la hora de preparar y presentar cualquier plato, por sencillo que sea, tan importante como la calidad de los ingredientes es el cuidado y el esmero que se dedique en el intento.
- Lave las hortalizas de manera minuciosa justo antes de consumirlas o cocinarlas, con el fin de eliminar restos de tierra, insectos, residuos químicos y prevenir toxiinfecciones alimentarias.
- Los vegetales que crecen en contacto directo con la tierra (zanahorias, rábanos, espárragos) deben lavarse con esmero, sobre todo las hortalizas de hoja (lechuga, escarola...).
- Se recomienda el lavado de los vegetales, hoja por hoja, en agua fría con unas gotas de lejía apta para desinfección de aguas. Después deben aclararse con agua limpia repetidas veces.
- Evite el remojo prolongado con el fin de que no pierdan nutrientes solubles en agua (sales minerales y vitaminas). Si se añaden sustancias ácidas (limón o vinagre) al agua de remojo, se reduce la oxidación de algunas vitaminas.
- Siempre que sea posible es preferible consumir las hortalizas sin pelar, puesto que en ocasiones poseen un mayor contenido de vitaminas y otros compuestos beneficiosos en las zonas más externas (por ejemplo, el tomate posee un mayor contenido de licopeno en la piel que en la pulpa). En estos casos, deben lavarse con cuidado y secarse con un paño limpio para eliminar cualquier resto de partículas extrañas (polvo, tierra...) y posibles residuos de plaguicidas y tratamientos químicos.
- El pelado o cortado también debe realizarse justo antes de su consumo para evitar el oscurecimiento (zanahorias). Si esto no es posible, se aconseja rociar con zumo de limón o vinagre y cocinarlos lo antes posible.

UNIDAD 4

A ¿CON QUIÉN VIVES?

4 Pista 6
ENTREVISTADOR: Tener buenos amigos mejora la esperanza de vida, incluso más que la propia familia, según un estudio australiano publicado en la *Revista Internacional de Epidemiología y Sanidad Pública*. A lo largo de diez años que duró la investigación, las más de 1500 personas mayores de 70 años encuestadas demuestran que sus amigos mejoran el humor, la autoestima y ayudan a superar malos momentos. Hoy están con nosotros Pilar, de 75 años, y Esteban, de 71, para hablar de su experiencia sobre este tema. ¿Creéis que tener amigos es tan importante como demuestran estas estadísticas?
PILAR: A lo largo de la vida se valoran las amistades de manera diferente. De jovencita recuerdo que los amigos eran lo más importante en mi vida. Después me casé, tuve mis hijos y la mayor parte de mi tiempo libre lo ocupaba con ellos. Con el paso de los años, cuando los hijos se van haciendo independientes, vuelves a necesitar compartir tus momentos de ocio. Así que otra vez contactas con gente de tu edad, sin estar pendiente de los niños, con los que puedas intercambiar experiencias y opiniones. Para mí ahora mismo son imprescindibles para mantener mi equilibrio personal.

TRANSCRIPCIONES

ENTREVISTADOR: ¿Tu experiencia es similar, Esteban?

ESTEBAN: Bueno, mi trayectoria personal ha sido diferente porque yo no he tenido hijos. De todas formas, yo estoy muy acostumbrado a estar solo. Se puede decir que en mi vida he tenido solo algunos buenos amigos con los que poder compartir mis inquietudes, mis penas y mis alegrías. Pero yo he sido feliz así.

ENTREVISTADOR: ¿Qué características son imprescindibles en un buen amigo?

PILAR: Pues un buen amigo es la persona en la que puedes confiar, a la que le puedes contar tus problemas, la que te sabe escuchar...

ESTEBAN: Estoy de acuerdo en todo lo que ha dicho Pilar, pero además para mí un amigo es la persona que comparte conmigo mis aficiones, inquietudes, opiniones...

ENTREVISTADOR: ¿Seguís manteniendo relaciones con vuestros amigos?

PILAR: Sí, claro. Mi marido y yo formamos ahora parte de un grupo de amigos, algunos casados, otros viudos o separados, con los que nos reunimos prácticamente todas las semanas. Con ellos viajamos, vamos al cine, al teatro, a conciertos... En fin, lo pasamos estupendamente juntos.

ESTEBAN: Bueno, yo he perdido algunos de mis amigos a lo largo de la vida, pero los dos o tres amigos que aún conservo son compañeros ideales de café y tertulia. Nos gusta reunirnos en nuestras casas y pasamos muchas horas disfrutando con el mero placer de la conversación. Nunca pasan dos semanas sin que nos hayamos visto.

PROCESOS Y ESTRATEGIAS 2

1 Pista 7

Actualmente todo el mundo está preocupado por su alimentación. Por eso, en nuestro pódcast hoy vamos a hablar del *realfooding* o comida real, una tendencia cada vez más extendida.

El *realfooding* es un movimiento que se basa en el consumo de comida real o, lo que es lo mismo, en el consumo de alimentos frescos o mínimamente procesados. De estos alimentos se puede extraer un valor nutritivo alto y de calidad, sin alteraciones. Está demostrado que comer alimentos frescos y evitar los procesados ayuda a prevenir la obesidad y la diabetes y otras enfermedades. Por ello, este movimiento se ha convertido en un auténtico estilo de vida, además quienes lo siguen defienden el derecho de tener no solo una alimentación saludable, sino también respetuosa con el medioambiente.

Los *realfooders* apuestan por no consumir productos ultra procesados, como, por ejemplo: refrescos y bebidas azucaradas, bollería, zumos envasados, cereales refinados, *snacks* salados, chucherías y helados, salsas comerciales, pescados procesados, lácteos azucarados, galletas y derivados...

De hecho, cualquier dietista recomendará siempre reducir al máximo estos productos o directamente eliminarlos. Sin embargo, la tendencia en alimentación conocida como *real food* apuesta por productos reales como: frutos secos, verduras, hortalizas y frutas, legumbres, pescado y marisco, carne sin procesar, leche fresca, cereales de grano entero, huevo, café e infusiones...

Pero, cuidado, hay procesados que sí pueden ser consumidos: aceites de oliva, leche y yogures, panes integrales, chocolate negro o cacao en polvo de más de 70 %, gazpacho envasado, legumbres envasadas, conservas, bebidas vegetales sin azúcar, embutidos, comida real congelada ...

¡No se trata de hacer dieta! Se trata de comer comida real, cambiar unas patatas *chips* por unos frutos secos naturales, como unas almendras tostadas o unos pistachos, por ejemplo.

UNIDAD 5

A LA PUBLICIDAD

5 Pista 8

Hipotecas, préstamos, créditos rápidos... ¿Vivimos al límite?

La pareja hipotecada

Isabel Pérez y José Ángel Álvarez (ambos de 29 años) viven en Madrid. Son pareja de hecho. Ella es periodista. Él, profesor de Matemáticas. Nivel adquisitivo: medio. Últimos caprichos: un viaje a Berlín, reformas en la cocina. Hipotecados hasta 2040.

"Compramos la casa hace un año. Empezamos pagando menos de 900 euros al mes. Pero las últimas subidas del euríbor nos han supuesto un incremento de 200 euros. Es mucho, y luego está la comida, el transporte...Tememos que los tipos sigan subiendo. Sin embargo, no vemos el futuro con pesimismo, porque confiamos en nuestra capacidad de trabajo. Sin la ayuda de nuestros padres, no tendríamos casa. Nos pagaron la entrada. Y si hay un mes muy malo, sabemos que están ahí. Nos gustaría tener hijos, pero, de momento, no nos lo podemos permitir".

El sueño del adosado

María Fernández y Juanjo Martínez, 37 y 44 años. Ella es directora de departamento comercial. Él es socio de una ebanistería. Tienen dos hijos. Nivel adquisitivo: medio. Último capricho: desde que ha nacido Virginia, muy pocos, sobre todo, tras el desembolso del bautizo. Hipotecados hasta 2035. Están pagando el préstamo de su segundo coche.

"Vivimos al día, tanto tienes, tanto gastas, y lo poco que ahorramos lo invertimos en vacaciones o en amueblar la casa. Los 220 metros cuadrados de nuestro adosado generan muchos desembolsos, nos queda amueblar el sótano, el ático... La compra de la casa fue a salto de mata, pero al final dices: "Adelante, ya saldrá el sol por algún lado". Nuestro mayor gasto son los niños. ¿Te parece normal gastar 138 euros en libros para uno de cinco años? Aunque no nos privamos de nada, yo procuro no derrochar. Salimos a cenar una vez al mes, pero, eso sí, a un buen sitio".

UNIDAD 6

C PERIODISMO DIGITAL

4 Pista 9

Los delitos en internet y las graves consecuencias que pueden tener en los niños es algo que a todos los padres les debería preocupar. Una Asociación de Padres se puso en contacto con uno de los responsables de la BIT (Brigada de Investigación Tecnológica del Cuerpo Nacional de Policía) y le hizo la siguiente entrevista.

¿Qué debe temer un padre sobre la relación de su hijo e internet?
La posibilidad cierta de cometer un delito, el 60 % los cometen menores de edad, y la extrema facilidad para ver páginas de contenido no apto para niños.
¿Cuáles son las medidas de prevención que toma la policía ante esto?
No puede existir una prevención policial, ya que cuando la página llega a nuestras manos el daño ya está hecho. El problema es internet en sí mismo, es un medio de difusión ultrarrápido, sencillo, y que abarca todos los países del mundo. No estamos hablando de delitos contra los menores cometidos en España, que también los hay, sino de páginas que se cuelgan desde cualquier continente. Y cada país tiene una legislación diferente.
¿Los gobiernos no toman cartas en el asunto?
Sí, claro, el Tribunal de la Haya ha creado una Comisión de Cibercrimen del Consejo de Europa para establecer un acuerdo internacional formal de los delitos tecnológicos y las pautas que se deben seguir. Pero es muy complicado que todos los países la suscriban.
¿Qué hay que hacer para proteger a los niños de ciertas páginas de internet?
Solo hay dos caminos: la prevención familiar y la escolar. Hay que educarles, ya que no están preparados para enfrentarse a todos los contenidos de la red, pero lo están, y mucho más que los adultos, para manejarla. Son capaces de meterse en donde quieran cuando quieran, han nacido con internet, para ellos es parte de su vida.
Existen muchos delitos en la red, por ejemplo bajarse vídeos o canciones gratis. Están robando y así lo tienen que entender. Si les pillaran robando en una joyería, les ficharían y podrían acabar en la cárcel, si les pillan bajándose música, el delito es el mismo y está tipificado en el código penal (Art. 270 y siguientes) y tiene las mismas consecuencias.
En los colegios deberían también hacer hincapié sobre los peligros de internet con información, charlas y mucha, mucha concienciación.
Y como medidas concretas, ¿qué recomendáis?
Primero no dejar al chaval que esté horas y horas indiscriminadamente en el ordenador. Si controlamos las horas y programas de televisión que ven o a la hora a la que llegan a casa, no se concibe que un padre permita que su hijo esté seis horas delante del ordenador sin saber qué hace. No se trata de ser represivo, porque los chavales necesitan saber manejarse con el ordenador, de otra forma, se quedarían obsoletos, se trata de estar pendiente y guiar.
Otra medida fundamental es colocar un buen filtro en el ordenador doméstico teniendo siempre en cuenta que hay que incluir palabras clave.

PROCESOS Y ESTRATEGIAS 3

1 Pista 10

Según las conclusiones de un reciente estudio sobre estilo de vida, en general, los españoles se sienten satisfechos con su vida: más del 70 % valoran su satisfacción con un 7 sobre 10 o más, lo que arroja un promedio final de 7,10. Esta cifra se ha mantenido estable por encima del 7 durante los últimos tres años. Como en estudios anteriores, el grado de satisfacción de las mujeres es menor que el de los hombres.
El grado de felicidad percibida también es elevado: algo más del 75 % de los españoles piensa que es muy o bastante feliz. El mismo porcentaje de encuestados cree que es más feliz o al menos igual de feliz que el año anterior.
Según el estudio, de mayor a menor, los aspectos más importantes para tener una vida feliz son los siguientes: para el 78,2 % de los encuestados tener una buena salud física y emocional; para el 65,8 % tener una buena relación con su pareja, y para el 50,7 % tener una buena relación con los amigos y la familia.

TRANSCRIPCIONES

UNIDAD 7

B TIEMPO LIBRE

1 Pista 11

Carmen Cortés
Bailaora y reputada profesora de flamenco, en octubre empieza su gira europea con una versión flamenca de *La Celestina*. A la guitarra, su pareja, Gerardo Núñez. A los 48 años, Carmen Cortés es respetada por su exigente criterio y el compromiso profesional del que hace gala. Además, esta bailarina y coreógrafa se mueve con soltura entre el flamenco clásico y la vanguardia. Apasionada por asumir riesgos, en 1997 puso en escena *Salomé*, de Oscar Wilde, y su versión flamenca de *La Celestina* se caracteriza por ser muy personal.

Arte que se toca
"Chillida 50's-60's-70's" es la nueva exposición que organiza el Museo Chillida-Leku y que se inaugurará el próximo 19 de noviembre. En esta muestra se podrán admirar y tocar las primeras obras de este artista universal. El objetivo de la exposición es ampliar el conocimiento de la obra de Eduardo Chillida en sus primeras décadas de creación. La exposición, como siempre, entre el jardín y el caserío Zabalaga (San Sebastián).

Les Luthiers
El grupo, auténtico paradigma del humor inteligente, presentará su espectáculo *Las obras de ayer*, que reúne algunos de sus mejores números a lo largo de los últimos 30 años.
Cuando Les Luthiers comenzaron a realizar giras internacionales, la crítica y público de muchos países fueron corroborando las sospechas de estos argentinos, que constituyen hoy un motivo de orgullo nacional.
La trayectoria recorrida sigue sorprendiendo incluso a sus propios integrantes, quienes nunca trabajaron buscando el éxito. Desde 1977 Les Luthiers producen un espectáculo cada dos años, siendo ellos mismos autores de la música y textos; también les corresponde la dirección y la puesta en escena de los mismos.

UNIDAD 8

B VIAJAR PARA SENTIRSE VIVO

1 Pista 12

Viaje a las islas Galápagos
Programa semanal

LUNES. Llegada al aeropuerto de la isla de Baltra. Por la tarde, visita a la isla Seymour Norte, donde verás colonias de aves marinas: fragatas, gaviotas de cola bifurcada y pinzones.

MARTES. Desembarco en isla Bartolomé, con caminata hasta la cumbre para ver el paisaje volcánico, un auténtico escenario lunar.

MIÉRCOLES. Por la mañana visita a la isla Genovesa, donde verás tiburones martillo, y por la tarde subida a la escalinata del Príncipe Felipe para ver dónde anidan las golondrinas de mar.

JUEVES. En Puerto Ayora, en la isla Santa Cruz, se visita la Estación Científica Darwin, que nacía en 1959, coincidiendo con el primer centenario de la publicación del libro de Darwin. También verás tortugas gigantes.

VIERNES. Visita a isla Isabela con paseo junto a iguanas, por los acantilados de Punta Vicente Roca, y por el canal de Bolívar para divisar mantas y delfines. Por la tarde, isla Fernandina, con colonias de pingüinos y cormoranes no voladores.

SÁBADO. También en isla Isabela, crucero por bahía Urbina para ver ballenas.

DOMINGO. En isla Española, caminata por bahía Gardner para ver los albatros de Punta Suárez.

PROCESOS Y ESTRATEGIAS 4

2 Pista 13

En *Madres paralelas*, Almodóvar mira de frente a la dictadura y a la Guerra Civil. O, más bien, a todas las heridas de la dictadura que siguen abiertas y supuran en forma de fosas comunes. Han pasado más de 20 películas, pero por fin se ha visto con la confianza narrativa suficiente para afrontar un tema tan espinoso en una de sus obras.
Lo hace con una película en la que, realmente, de lo que se habla, es de la verdad. La verdad íntima y la verdad histórica. Eso es lo que une las dos tramas narrativas de *Madres paralelas*, la necesidad de contar la verdad como única forma de cerrar las heridas. España no ha contado la verdad. Somos el segundo país del mundo con más muertos en fosas, solo superado por Camboya. El personaje de Penélope Cruz tampoco cuenta la verdad sobre su hija. Y la mentira siempre nos atormenta y nos pudre por dentro.
Madres paralelas cuenta la historia de dos madres que coinciden en el hospital cuando van a tener un hijo. El destino marcará sus vidas para siempre. El personaje de Penélope Cruz, Janis, empezará a sospechar que su hija no es de ella. Además, Janis vive con una obsesión, exhumar los restos de su bisabuelo de la fosa común de su pueblo.
De alguna forma, Almodóvar, en su película más austera visualmente, más entregada a lo narrativo que a lo estético, recupera un término que ha estado de moda en los últimos meses, el de *matria*. Para Pedro

Almodóvar, España es un país de madres. Madres solteras, madres sufrientes. Mujeres que recogen los platos rotos de los hombres. Los platos rotos del fascismo. Mujeres que no han podido llorar a sus muertos. Madres como la que interpreta de forma brillante Aitana Sánchez-Gijón, que pone su vocación por encima de su hija.

Hasta llegar a que las dos historias engarcen hay un peaje costoso y hasta extraño. *Madres paralelas* comienza fuera de tono. Todo cambia en el momento en el que el personaje de Milena Smit se reencuentra después de un tiempo con el de Penélope Cruz. Ahí la película da un giro de 180 grados y *Madres paralelas* es la película que quiere ser. Una película emocionante, comprometida y valiente en cómo afronta un tema tan espinoso como la memoria histórica desde lo íntimo, con una interpretación central de Penélope Cruz apabullante con tres escenas que quitan el habla y agarran el corazón.

Una vez ocurre eso, vemos al mejor Almodóvar, que se arriesga despojándose de artificios y desnudando su película para basarse en la palabra y en el poder de lo que cuenta. Así se llega a un final arrollador y tremendamente conmovedor. Un cierre con las fosas como centro y en el que viajamos con el personaje de Penélope Cruz hacia ese momento desgarrador. En conclusión, puede que *Madres paralelas* no sea la película más redonda de Pedro Almodóvar, pero sí una de las más valientes. Es admirable que decida dedicar su madurez a un tema que el cine no suele mirar, que suele estar arrinconado en las tertulias políticas y en los periódicos. Y lo hace manteniéndose fiel a sus temas, y demostrando que, más que nunca, lo íntimo siempre es político y que España tiene que contar la verdad para seguir viva.

UNIDAD 9

A EMPRENDEDORES

1 Pista 14
El trabajador autónomo o *freelannce*
Una posibilidad a la hora de trabajar es montártelo por tu cuenta, como trabajador independiente. Es lo que se conoce como *freelance* o trabajador autónomo. Un trabajador *freelance* es aquel cuya actividad consiste en realizar trabajos propios de su profesión, pero de forma autónoma, para terceros que requieren sus servicios.

Habitualmente se asocia la imagen del *freelance* a una persona independiente, que no se quiere casar con nadie y no desea estar sometido a normas ni ataduras en cuanto a horarios, formas de vestir, etc. Sin embargo, este estereotipo está cambiando hacia una imagen mucho más real. Lo cierto es que la crisis económica y la precariedad laboral que vivimos impulsan a muchas personas a probar suerte y ofrecer sus servicios como *freelance*.

En un principio, el principal sector en el que se usaba esta modalidad de trabajo era el periodismo. Los medios gráficos de prensa, además de tener un elenco permanente de empleados a sueldo, encargaban a terceros la realización de notas determinadas y pagaban por cada una de ellas, o bien adquirían notas que les eran ofrecidas en tales condiciones. Posteriormente se aplicó también en otros campos, como los de la programación informática, el diseño gráfico, la consultoría, la fotografía, la traducción y muchos otros servicios profesionales y creativos.

Internet ha facilitado la expansión de esta modalidad de trabajo en sectores como desarrollo de *software*, diseño de sitios web, tecnología de la información y documentación de negocios..., ya que permite que el trabajador autónomo pueda realizar su trabajo en lugares distantes del domicilio del receptor del trabajo e, incluso, en diferente país.

Asimismo, cada vez existen más bolsas de empleo en la red dedicadas a estos profesionales.

UNIDAD 10

C SE ME HA ESTROPEADO EL COCHE

5 Pista 15
c.: Buenos días, Miguel.
m.: ¡Hola! ¡Cuánto tiempo sin verte!
c.: Ya sabes que se acerca el verano y antes de pasar la ITV, tengo que poner el coche a punto.
m.: Eso está muy bien. ¿Qué cosas quieres que revisemos?
c.: Pues échale un vistazo a los frenos. Hacen un poco de ruido.
m.: Vale, ¿y qué más?
c.: Yo creo que las luces también habría que revisarlas. Están un poco descolocadas y, además, la luz de la marcha atrás está fundida.
m.: Te revisaré el reglaje de las luces. Y las ruedas parece que están un poco desgastadas. ¿Cuántos kilómetros hace que no las cambias?
c.: Pues no sé exactamente..., unos 60 000.
m.: Entonces hay que cambiarlas. No conviene andar con ellas más de 50 000 kilómetros. Arranca el motor que voy a ver la salida de gases por el tubo de escape.
m.: Ya lo mediré, pero me da la impresión de que desprende más CO_2 del permitido. Ya sabes que ahora la Inspección está muy dura con la emisión de gases contaminantes.

TRANSCRIPCIONES

C.: Bueno, pues, aprovechando que vas a tener el coche un par de días, cambia el aceite, que ya llevo casi 20 000 kilómetros con él y así ya lo tengo listo para las vacaciones. ¿Para cuándo me lo tienes?
M.: Calcula mínimo dos días. Si lo acabo antes, ya te llamo por teléfono.
C.: ¡Ah, se me olvidaba! Revisa el agua del limpiaparabrisas y el líquido de frenos, que hace mucho que no los miro.

PROCESOS Y ESTRATEGIAS 5

1 Pista 16

Hoy en nuestro programa vamos a hablar sobre empleo público para personas con discapacidad.

Las convocatorias de las pruebas selectivas correspondientes a la oferta de empleo público incluirán una reserva de un cupo para ser cubiertas entre personas con discapacidad, considerando como tales las definidas en el apartado 2 del artículo 4 del texto refundido de la Ley General de Derechos de las Personas con Discapacidad y de su Inclusión Social, aprobado por el Real Decreto Legislativo 1/2013, de 29 de noviembre, siempre que superen los procesos selectivos y acrediten su discapacidad y la compatibilidad con el desempeño de las tareas.

La normativa prevé que se reserve un siete por ciento de las plazas para personas con discapacidad, y al menos el dos por ciento para personas que acrediten una discapacidad intelectual, el resto de las plazas ofertadas lo será para personas que acrediten cualquier otro tipo de discapacidad. Cada Administración realizará la distribución de la reserva de plazas dando preferencia a las vacantes en cuerpos, escalas y categorías laborales, cuyas funciones resulten compatibles con la existencia de una discapacidad.

La normativa establece otros mecanismos para facilitar el acceso al empleo público de las personas con discapacidad, como la adaptación de tiempo y/o los medios para la realización de las pruebas, alterar el orden de preferencia para la elección de plazas en determinados supuestos, o la adaptación del puesto que se adjudique.

UNIDAD 11

B EL CLIMA

5 Pista 17

En el noroeste peninsular se prevén precipitaciones moderadas, con probabilidad de fuertes en zonas cercanas al Atlántico. En el Cantábrico no lloverá pero el cielo estará cubierto con posibilidad de brumas y niebla.

Las precipitaciones débiles, localmente moderadas, se extenderán al centro de la Península, y serán más débiles y menos probables en el área mediterránea y sin alcanzar el extremo sureste, donde solo estará nuboso con nubes medias y altas. La cota de nieve descenderá a lo largo del día hasta los 1200 m en el tercio norte, 1500 m en el centro y 1800 m en el resto. Seguirá nevando con fuerza en todo el Pirineo.

En las islas Baleares estará despejado, aunque con posibilidades de tormentas.

En las islas Canarias habrá riesgo de granizo y vientos fuertes en el estrecho peninsular.

C DESASTRES NATURALES

5 Pista 18

Medidas generales frente a un huracán

Una vez anunciada la probabilidad de que ocurra un huracán o tornado en el área:
- Llenar el depósito de gasolina de todos los coches que haya en casa.
- Comprar o almacenar agua potable para 3 días (aproximadamente 10 litros por persona), comida en conserva, etcétera.
- Hacerse con una radio que funcione con pilas y comprar pilas o baterías de repuesto.
- Adquirir un botiquín de primeros auxilios.
- Asegurar todo el material del patio o del jardín que pueda convertirse en proyectil.

Una vez emitido el aviso de alarma:
- Dar a las mascotas suficiente agua y comida.
- Trasladarse a un refugio si lo piden las autoridades.
- Montar las protecciones oportunas en la casa.
- Asegurar las puertas y ventanas expuestas al exterior.
- Cortar la energía eléctrica, el agua y el gas para evitar cortocircuitos o escapes.

Durante el huracán:
- Escuchar constantemente las últimas noticias.
- Mantenerse alejado de las puertas y ventanas expuestas al exterior.
- Cerrar las puertas en el interior y mantenerse en la habitación más segura.
- Si caen objetos por la fuerza del huracán, ubicarse bajo una mesa u otro objeto estable que ofrezca protección.
- Mantener las líneas telefónicas libres para su uso oficial en caso de emergencia.
- No abandonar el refugio hasta que expire el aviso de emergencia.

Después del huracán:
- Abrir puertas y ventanas para dejar escapar gas de tuberías que pudieran haberse roto.

- No usar cerillas hasta estar seguro de que no hay escapes de gas.
- No volver a dar la electricidad hasta asegurarse de que no hay peligro de electrocución.
- Esperar la opinión de expertos antes de conectar el gas para estar seguros de que no hay escapes.
- Desinfectar agua (hirviéndola por 15 minutos o agregándole dos gotas de cloro por cada litro) y alimentos que pudieran contaminarse.
- No usar agua del grifo hasta que las autoridades lo dispongan.
- Hacer inventario de alimentos disponibles y descartar los que puedan haberse contaminado.
- No usar innecesariamente automóviles para mantener las carreteras disponibles para los equipos de rescate.
- Recordar que el huracán pudo dañar puentes, riberas de ríos, muros, etc., que podrían representar un peligro.
- No salir descalzo.
- Cooperar con los equipos de rescate.

UNIDAD 12

A POESÍA Y NOVELA

6 Pista 19

La mujer del molinero fue despertada por el inoportuno trueno. Asombrada, descubrió que su marido no se encontraba a su lado. Corrió al comedor y, aferrando una rama del fuego, la acercó a la esfera del reloj. Apenas hacía una hora que se habían acostado.
Horas después, simuló dormir cuando escuchó el delator chirrido de la puerta. Él, sigiloso, se desnudó para acostarse con esmerada prudencia. Así transcurrieron las noches. Ella lo esperaba despierta, como siempre, y se acostaban juntos. Cuando la creía dormida, volvía a levantarse y se marchaba una vez más para volver dos horas más tarde.
Ahogada por la intriga un día lo siguió. Asombrada, lo vio entrar en el molino y cargar algunos sacos de harina en el carro de reparto. Seguramente los había molido a escondidas, cuando la invitaba a irse a casa un poco antes que él una vez terminada la jornada. Pronto sacó sus conclusiones: el muy ruin, avaro por naturaleza, seguro que pensaba canjear los sacos en el burdel por algún que otro favor. La miseria azotaba el feudo, a causa de la pasada peste, y las prostitutas aceptarían el alimento como caído del cielo. ¡Maldito mil veces! Ya lo había visto antes mirar de reojo hacia aquella casa de indecencia camino de la panadería.
Así, la mujer continuó siguiéndolo todas las noches, una tras otra, para sorprenderlo en plena acción, mas la sorpresa fue suya: el primer saco lo dejó en casa de la viuda, una desgraciada mujer de pellejos colgantes, envejecida antes de tiempo por el desgaste de criar a cuatro hijos. El molinero iba dejando los sacos en las puertas de las familias más miserables y hambrientas del feudo, para volver al hogar con el carro vacío. Mientras lo guardaba en el molino, la torpe espía corrió a su casa y se acostó... A los pocos minutos, llegó el marido con el sigilo de siempre. Se desvistió y se echó en la cama.
Con el tiempo, se comenzó a escuchar por el feudo una extraña leyenda sobre un duende nocturno que robaba la harina del molino repartiéndola entre los más necesitados. El duende castigaba de esta forma la conocida avaricia del molinero, que jamás se apiadó de nadie. Ningún aldeano lo pudo ver nunca, pues el que lo viera perdería sus gracias y favores.
Así vivió aquella familia con sus secretos y misterios. Ella jamás le preguntó a él adónde se marchaba todas las noches... Él tampoco se atrevió a averiguar la razón por la que al volver le esperaban en la mesa bollos recién hechos acompañados de un gran tazón de leche.

PROCESOS Y ESTRATEGIAS 6

1 Pista 20

Ahora pasamos a las últimas noticias: "La erupción ha terminado". Con estas palabras, Julio Pérez, consejero de Administraciones Públicas, Justicia y Seguridad del Gobierno de Canarias, anunció que la actividad del volcán de Cumbre Vieja había llegado a su fin. Una noticia sin duda muy esperada por los habitantes de la isla de La Palma, en el archipiélago canario, que recibieron la información en el día de Navidad y tras tres meses en vilo por su actividad. El fin de la erupción no significó el fin de la emergencia, sino que significó el comienzo paulatino, gradual y ordenado del realojo de los afectados y el comienzo de las pruebas para actuar sobre la lava y restablecer las comunicaciones.
En total, el volcán estuvo activo en España durante 85 días y ocho horas, y causó daños por valor de cerca de 900 millones de euros.
Concretamente, el volcán inició su actividad el 19 de septiembre de 2021. En este tiempo, y con los datos del Catastro facilitados por el Cabildo de La Palma, se conoce que su actividad destruyó 1676 edificaciones, de las que 1345 eran de uso residencial. Por otro lado, los datos facilitados por el satélite Copernicus demostraron que la lava cubrió 1241 hectáreas de terreno, de las cuales 370 correspondían a superficie de cultivo.
Su virulencia propició que, a lo largo de aquel tiempo, fuese preciso desalojar a más de 7000 personas, según datos del Cabildo de La Palma.

SOLUCIONES

UNIDAD 1

A ¿ERES SOLIDARIO?

1 1 ¿En qué estás pensando? 2 ¿Con qué está hecho este mantecado? 3 ¿Cuánto os gastáis en comida? 4 ¿Qué sofá prefieres? 5 ¿Dónde come? 6 ¿Quiénes van a la fiesta? 7 ¿Cuántas veces a la semana vais a yoga? 8 ¿Cuál es la comida preferida de tus hijos? 9 ¿Qué marca de café compro? 10 ¿Desde cuándo son amigos Luis y Rosa? 11 ¿A cuánto están hoy los tomates? 12 ¿Qué cuadros te gustan más?

2 1 ¿Qué marcas de detergente te gustan más? 2 ¿Cuál de los dos hermanos vino anoche? 3 ¿Desde cuándo vives en esta ciudad? 5 ¿A quién has invitado a tu cumpleaños? 6 ¿Por dónde pasea normalmente tu padre? 8 ¿Con cuánta frecuencia vas a la peluquería? 9 ¿Cuánto tiempo llevas / llevabas saliendo con Laura? 10 ¿Desde cuándo no has visto a tus hermanos? 11 ¿A qué alumnos les has dicho que vengan mañana a examinarse?

3 1 g; 2 e; 3 d; 4 f; 5 b; 6 a; 7 c; 8 i; 9 j; 10 h.

4 1 sobre; 2 que; 3 según; 4 el; 5 a; 6 muy; 7 como; 8 ellos; 9 tanto; 10 los; 11 entre; 12 a; 13 si; 14 como; 15 mediante.

B APRENDER DE LA EXPERIENCIA

1 A. 1 vi; 2 dijo; 3 había terminado; 4 iba; 5 preguntó; 6 dije; 7 estabas. B. 1 has levantado; 2 me acosté; 3 estuve; 4 Era; 5 había envenenado; 6 venía; 7 terminó; 8 me acosté; 9 podía; 10 tuve. C. 1 Te has enterado; 2 ha pasado; 3 decidió; 4 tenía; 5 estaba; 6 pidió; 7 llamaron; 8 dieron. D. 1 he visto; 2 ha salido; 3 ha hecho; 4 denunció; 5 estaba.

2 1 llamó, dijo, había arreglado; 2 salía, vi, llevaba, era; 3 se equivocaron, tomaron, iba; 4 pensaba, gustaba, he tomado; 5 he visto, he pensado, había tenido; 6 ha detenido, manipulaba; 7 He leído, ha inaugurado; 8 hizo, propuso.

3 fue, tenía, bombardearon, Estaba, dijo, era, dejaron, quedé, vi, intentaba, habían salvado, pusieron, fueron, estaban, di, corría, puse, atravesé, crucé, conseguí, sujetaba, oí, decía, hemos olvidado, dije, dijo, has hecho.

4 Nació en Calzada de Calatrava... Cuando tenía ocho años, emigró con su familia... Allí estudió el Bachillerato. A los 16 años se instaló en Madrid... Al principio realizó múltiples trabajos... tuvo un trabajo fijo... En esa temporada alternó su trabajo... actuó en un grupo de teatro... escribió relatos cortos, realizó cortometrajes... amigos que le financiaron, consiguió dirigir... rodó la segunda película... tuvo una buena acogida... le siguieron... dirigió *La ley del deseo*, que fue financiada por su propia productora. En 1987... se convirtió en un éxito. Dio la vuelta al mundo y fue aplaudida... Recibió más de cincuenta premios y fue nominada para... Mientras siguió el éxito de mujeres..., Almodóvar continuó con su trabajo y rodó una nueva película: *Átame* (1989), en la que empezó a trabajar con Victoria Abril. La película arrasó..., casi un millón de personas acudió al cine a verla. Siguieron títulos como... En 1999, *Todo sobre mi madre* se convirtió... Consiguió el Óscar de Hollywood y fue aplaudida... También *Hable con ella*, de 2002, consiguió... En 2004 estrenó... en 2006 apareció... el director rindió... En 2009 presentó... fue candidato... consiguió... regresó a la comedia.

En 2016 estrenó *Julieta*. Esta película fue la que menos recaudación consiguió en España. Sin embargo, obtuvo un gran éxito de taquilla en Francia. En el año 2019 apareció *Dolor y gloria*, que fue seleccionada para participar en los Óscar... En 2021 recurrió nuevamente a una de sus actrices favoritas, Penélope Cruz, y presentó *Madres paralelas*.

C UNA ÉPOCA PARA RECORDAR

1 1 c; 2 j; 3 a; 4 h; 5 g; 6 f; 7 b; 8 i; 9 e; 10 d.

2 1 existían; 2 era; 3 iba; 4 entraba; 5 era; 6 tenían; 7 contribuían; 8 iba; 9 se exhibían; 10 consumía; 11 iba; 12 abría.

3 1 entradas; 2 brecha; 3 contribuye; 4 paraje; 5 consume; 6 cola; 7 cartelera.

4 Respuesta libre.

UNIDAD 2

A OBJETOS IMPRESCINDIBLES

1 1 j; 2 f; 3 e; 4 g; 5 d; 6 a; 7 h; 8 k; 9 c; 10 b; 11 i.

2 1 La balanza romana servía para pesar los alimentos. 2 La peonza servía para que los niños jugaran. 3 Los prismáticos servían para ver objetos lejanos. 4 El molinillo servía para moler el café. 5 La máquina de escribir servía para escribir con letra de imprenta. 6 El tocadiscos servía para escuchar música. 7 El quinqué y la palmatoria servían para alumbrar. 8 La máquina de coser servía para coser y confeccionar ropa. 9 La cámara de fuelle servía para sacar fotos. 10 La plancha de fundición servía para planchar la ropa.

3 1 congregará; 2 se celebrará; 3 ofrecerá; 4 tendrán; 5 permitirá; 6 será; 7 podrán; 8 permanecerá; 9 ofrecerá; 10 correrá; 11 Completarán; 12 participarán; 13 arrancarán; 14 se celebrará; 15 impartirá; 16 cerrará; 17 apuntarán; 18 permitirán; 19 estará.

4 1 Que los modernos hacen que los niños sean más individualistas y los aíslan, mientras que los tradicionales les exigen una convivencia social y les enseñan a competir sin violencia. 2 En general, no les exigen una participación directa. 3 La imaginación y el esfuerzo. 4 Que lo absorben todo. 5 La construcción de juguetes por parte de los niños. 6 Respuesta abierta.

B LA CASA DEL FUTURO

1 1 Mañana, a estas horas, ya habré terminado el examen. 2 ¡Mañana ya habré terminado la exposición y no tendré que estar más aquí! 3 Cuando Clara llegue, nosotros ya habremos terminado de cenar. 4 Lo siento mucho. Cuando podáis entrar a vivir en la nueva casa, vosotros ya os habréis casado. 5 Cuando llegue al supermercado, ya estará cerrado y no podré hacer la compra. 6 Cuando yo llegue, vosotros ya habréis terminado de jugar el partido. 7 Cuando llegue a casa, mi hijo ya se habrá acostado. 8 Lo malo es que cuando lleguemos al cine, la película ya habrá empezado.

2 1. A ¿Por qué se irá tan temprano? B Habrá quedado con alguien. 2. A ¿Por qué llorará ese niño? B Habrá perdido a su madre. 3. A ¿Por qué le reñirá? B Habrá vuelto a suspender. 4. A ¿Por qué no entrará en casa? B Habrá olvidado la llave.

5. A ¿Por qué le quedarán grandes los pantalones? **B** Habrá adelgazado.

3 **1** seguirán; **2** habrá; **3** podrán; **4** podrán; **5** podrán; **6** será; **7** saldrán; **8** llevará; **9** Será; **10** se multiplicará; **11** vivirán; **12** generará; **13** permitirá; **14** crecerán; **15** valorará; **16** permitirá; **17** formarán; **18** podrán; **19** contarán.

4 **1** V; **2** F; **3** V; **4** F.

C ¡COMO HEMOS CAMBIADO!

1 **1** se pusieran; **2** vengan; **3** tocaran; **4** tengan; **5** pueda; **6** nos enfadáramos; **7** nos llevemos; **8** cambie; **9** evolucione.

2 Respuesta abierta.

3 **1** un ventilador o un aparato de aire acondicionado; **2** un flexo o una lámpara; **3** un ascensor; **4** un despertador; **5** un microondas; **6** una nevera; **7** una lavadora-secadora; **8** una batidora; **9** un lavavajillas; **10** un horno.

4 **1** estará; **2** podrá; **3** construiría; **4** Tendrá; **5** Habrán terminado; **6** tendríais; **7** Serán; **8** aumentarán; **9** expropiará, comprará; **10** habréis terminado.

5 Respuesta abierta.

PROCESOS Y ESTRATEGIAS 1 (UNIDADES 1 Y 2)

1 **1** viviré; **2** tendré; **3** plantaré; **4** será; **5** será; **6** harás; **7** vivirás; **8** tendrás; **9** tendrá; **10** veremos.

UNIDAD 3

A VIDA COTIDIANA

1 **A** tomate, pimiento, pepino, ajo.
 B patatas, cebolla.
 C judías verdes o repollo.
 D casi cualquier verdura de temporada: judías verdes o guisantes o pimientos o alcachofas.

2 **1** La fruta; **2** Aterosclerosis, diverticulitis, colon irritable, osteoporosis, anemias, cáncer, etc.; **3** Alteraciones funcionales, orgánicas y clínicas; **4** Las vitaminas pueden frenar el desarrollo de la mayor parte de las enfermedades crónicas.

3 **1** F; **2** F; **3** V; **4** V; **5** V.

B COCINAR

1 **1** llegue; **2** tenga; **3** mezclaré / mezclo; **4** aliñaré / aliño; **5** estén; **6** llamen; **7** invito; **8** invitar; **9** hable; **10** invitó; **11** llegara; **12** hice; **13** ponga; **14** vaya.

2 **1** h; **2** b; **3** g; **4** a; **5** e; **6** c; **7** f; **8** d.

3 **1** estén; **2** llegasteis; **3** puedas; **4** llegó; **5** llegarais; **6** comer; **7** añadas; **8** llaméis; **9** terminó; **10** hierva; **11** llegues; **12** acabéis.

4 **1** comience; **2** esté; **3** añadimos / añadiremos; **4** añadamos; **5** echemos; **6** añadimos / añadiremos; **7** transcurran; **8** incorporamos / incorporaremos; **9** comience; **10** esté / está.

5 **1** a; **2** b; **3** a; **4** a; **5** d; **6** b.

C DOLOR DE ESPALDA

1 **1** c; **2** a; **3** b; **4** g; **5** d; **6** e; **7** f.

2 **1** ha dado pie; **2** por narices; **3** tiene mucha cara; **4** salieron por pies; **5** mala pata tiene; **6** como anillo al dedo; **7** son uña y carne.

3 **1** acuéstate; **2** caminad; **3** ponles, dales; **4** acude; **5** tendrías; **6** hubieras sentado, dolería; **7** hicieras.

4 **1** Si no hubiera llegado tarde, habría tomado el autobús. **2** Si hubiera tenido cuidado, el mono no se hubiera / habría comido su merienda. **3** Si tuviera dinero, se compraría el collar. **4** Si no se hubiese saltado el semáforo, no hubiera / habría tenido un accidente. **5** Si hubiera traído paraguas, no estaría aquí ahora. **6** Si se hubiera dado prisa, la tienda no estaría cerrada.

5 **1** tuviera (c); **2** Aprobaría (k); **3** hubierais ahorrado (h); **4** Metería (l); **5** fuéramos (a); **6** te encuentras (i); **7** Tendrías (e); **8** comería (j); **9** daría / hubiera dado (b); **10** hubieran empinado (d); **11** hubierais sido (f); **12** volviera (g).

UNIDAD 4

A ¿CON QUIÉN VIVES?

1 **1** Presencia; **2** Atención; **3** Obesidad; **4** Pensamiento; **5** Naturaleza; **6** Hundimiento; **7** Ausencia; **8** Cocción; **9** Pureza; **10** Capacidad; **11** Prudencia; **12** Devolución; **13** Habilidad; **14** Sentimiento; **15** Aspereza; **16** Pobreza; **17** Corrimiento; **18** Legalidad; **19** Solución.

2 **1** obesidad; **2** cocción; **3** ausencia; **4** capacidad; **5** pobreza; **6** pureza; **7** pensamientos; **8** devolución; **9** presencia; **10** hundimiento; **11** solución; **12** prudencia; **13** sentimientos; **14** corrimientos; **15** naturaleza.

3 **1** realización; **2** necesidad; **3** tratamiento; **4** evaluación; **5** manifestaciones; **6** estudiantes; **7** preocupación; **8** pensamientos; **9** inseguridad.

4 **1** Pilar; **2** Esteban; **3** Esteban; **4** Pilar; **5** Pilar; **6** Esteban; **7** Pilar; **8** Esteban.

5 **1** La esperanza de vida, el humor y la autoestima. **2** Diez años. **3** Pilar, 75 años, y Esteban, 71. **4** Cuando se casó y tuvo hijos. **5** Para mantener su equilibrio personal. **6** Sus inquietudes, sus penas y sus alegrías. **7** Es la persona en la que puedes confiar, a la que le puedes contar tus problemas, la que te sabe escuchar... **8** Además de lo que ha señalado Pilar, un amigo es la persona que comparte sus aficiones, inquietudes, opiniones... **9** Viaja, va al cine, al teatro, a conciertos...; **10** Se reúne con sus amigos en sus casas y pasan muchas horas conversando.

B EL AMOR ETERNO

1 **1** d; **2** e; **3** f; **4** a; **5** h; **6** j; **7** b; **8** c; **9** g; **10** i.

2 **1** Vivo en una calle del centro en la que es muy difícil aparcar. **2** Este es el amigo de Arturo al que queríamos invitar a nuestra fiesta. **3** Estuvimos ayer con mi prima Rosa de la que te hablé en mi última carta. **4** Estuve en el campo de fútbol del barrio en el que jugábamos de pequeños. **5** He encontrado una casa preciosa en la que me gustaría vivir. **6** Necesitamos una persona a la que encargar el cuidado de

SOLUCIONES

nuestros hijos. **7** Este es el problema del que ustedes querían hablar con él. **8** Esta es la empresa en la que me gustaría trabajar. **9** Pasamos unas vacaciones en la playa en las que toda la familia disfrutó muchísimo. **10** Son buenos jugadores en los que se puede confiar para formar un equipo.

3 **1** "El Pera" podría ser el ladrón al que está buscando la policía. / "El Pera" podría ser el ladrón a quien está buscando la policía. **2** Alianza es la empresa en la que trabaja Alfonso. **3** Nuestro coche podría ser el vehículo adecuado que necesitamos para hacer el viaje. **4** He conocido al alemán con el que estuvo casada Irene. / He conocido al alemán con quien estuvo casada Irene. **5** Ustedes son algunos de los clientes con los que hablamos a diario. **6** En esa foto se ve el hotel en el que estuve de vacaciones. **7** Esta es la casa en la que te dije que iba a vivir. **8** Antonio es el amigo que me presentó María. **9** Te voy a dar el teléfono del restaurante en el que comimos. **10** La NBA es la liga en la que juega Gasol.

4 **1** en que / en el que, en la que; **2** de las que; **3** al que / a quien; **4** en la que / en que; **5** a la que / a quien, a la que / a quien; **6** en el que, del que; **7** en el que / en quien; **8** en los que; **9** que; **10** a la que.

5 **1** con la que; **2** de quien; **3** lo que; **4** lo que; **5** con quienes; **6** en las que; **7** a quienes / a las que; **8** a las que / a quienes; **9** a lo que; **10** con el que.

6 **1** c; **2** b; **3** a.

C EL AMOR DE LOS ABUELOS

1 **1** c; **2** f; **3** d; **4** j; **5** b; **6** g; **7** h; **8** k; **9** a; **10** i.

2 **1** lo; **2** al; **3** lo; **4** lo; **5** El, lo; **6** el; **7** el; **8** lo; **9** lo; **10** él, lo; **11** lo, Lo; **12** El, el; **13** Lo; **14** lo, Él; **15** el, lo; **16** lo.

3 **1** No te puedes imaginar lo que hablan las amigas de Juanjo. **2** No sabes lo cansado que estoy cuando llego a casa del trabajo. **3** No veas lo caro que me ha costado arreglar el coche. **4** No te imaginas lo que llovía ayer por la noche. **5** No te puedes imaginar lo que me gustó la última película de Almodóvar. **6** No veas lo bien que me salió el examen. **7** No te imaginas las ganas que tenía de verte. **8** No sabes lo que te eché de menos el año pasado. **9** No te puedes imaginar cuánto se ha enfadado por lo que ha pasado. **10** No te imaginas lo preciosa que es la casa que se ha hecho mi hermana. **11** No veas lo caro que nos ha costado el coche. **12** No te puedes imaginar lo lejos que está del hotel el polideportivo.

4 **1** No sabemos en quien confiar. **2** Si necesitas dinero, yo puedo prestarte lo que quieras. **3** Andrés, ha venido un comercial que pregunta por ti. **4** ¿A que no sabes a quién vimos ayer en el parque? **5** No sabes lo diferentes que son los hijos gemelos de Andrea. **6** Tras un largo rato en el que se dedicó a telefonear a sus amigos, se puso a escribir nombres en su cuaderno. **7** No hagas caso de lo que te dijo Marcelo, él no te conoce bien. **8** Ahora mismo no recuerdo el nombre de la empresa para la que trabaja mi hermana. **9** ¿Te has fijado en lo guapa que está Montse con ese nuevo peinado? **10** ¿Te has enterado de lo de Aurora? Parece que se va a Canadá con una beca importantísima. **11** Este es el restaurante en el que celebraron mis tíos su boda. **12** Ahora bajaremos a la sala donde están expuestas todas las esculturas. **13** Este es el pueblo del que te hablé ayer.

PROCESOS Y ESTRATEGIAS 2 (UNIDADES 3 Y 4)

5 **1** recursos; **2** alimentos; **3** científicos; **4** insectos; **5** microalgas; **6** productos.

UNIDAD 5

A LA PUBLICIDAD

1 **1** reclamación; **2** solución; **3** oficial; **4** establecimientos; **5** copias; **6** datos; **7** motivos; **8** empresa; **9** consumidor; **10** usuarios; **11** elaboración; **12** tramitación.

2 **1** V; **2** F; **3** F; **4** F; **5** F.

3 Respuesta libre.

4 **A** Paula: Que no, que no me gustaba *ninguna de las películas que ponían y que además no me encontraba muy bien, que me dolía la cabeza y que tenía escalofríos.* **B** Que sigamos todo recto y que giremos a la izquierda en la segunda calle. Que caminemos un poco más y que cuando encontremos una pastelería volvamos a girar a la izquierda y que ya la encontraríamos. **C** Lucas: Es que Marina me ha pedido que *fuese a su casa y que le trajera los apuntes que había dejado encima de la mesa, que era un trabajo muy importante para la profesora y que lo tenía que entregar hoy.*

5 **1** La comida, el transporte... **2** Que los tipos de interés sigan subiendo. **3** El respaldo de los padres. Ellos les pagaron la entrada y les ayudan si hay un mes malo. **4** Por casualidad. **5** No. **6** Porque lo poco que ahorran lo invierten en vacaciones o en muebles.

B DINERO

1 **1** conciliar; **2** fuente; **3** prioritario; **4** perciben; **5** disponer; **6** cuestiones; **7** estabilidad; **8** circunstancias; **9** desinteresada; **10** lucrativas.

2 **1** a; **2** i; **3** b; **4** c; **5** d; **6** g; **7** h; **8** e; **9** j; **10** f.

3 **1** David dijo que *ojalá le tocara / tocase la lotería.* **2** En la TV han informado de que *el director de la empresa ha / había fallecido.* **3** Lourdes y Miguel se quejaban de que la gente *fumara / fumase en los pasillos.* **4** Manuel le pidió a su hija que *se lavara los dientes.* **5** Pilar ha prohibido que *se copie.* **6** El vendedor sugirió que *nos acercáramos y mirásemos los nuevos productos.* **7** El presidente del Gobierno instó a los ciudadanos a que *ahorraran / ahorrasen más para levantar la economía.* **8** ¿Recuerdas aquella canción que decía que *cuantas más estrellas hubiese / hubiera más gente pensaría en él.* **9** La carta de ayer advertía que *hoy finalizaba el plazo de inscripción.* **10** Mi tío nos aseguró que *nosotros seríamos sus sucesores.*

C COMERCIO JUSTO

1 **1** una mayoría *aplastante*; **2** comida *abundante*; **3** un caballero *andante*; **4** un platillo *volante*; **5** un tipo *repugnante*; **6** un calor *agobiante*; **7** el agua *corriente*; **8** el sol *naciente*; **9** una medida *urgente*; **10** una persona *creyente*; **11** un profesor *exigente*; **12** una belleza *diferente*; **13** un punto *coincidente*; **14** un rotulador *permanente*; **15** un dolor *preocupante*.

2 **1** lujoso; **2** confuso; **3** afectuoso; **4** vistoso; **5** majestuoso; **6** cremoso; **7** caprichoso; **8** acuoso; **9** defectuoso; **10** animoso; **11** monstruoso; **12** difuso; **13** virtuoso; **14** ruidoso; **15** impetuoso.

3 **1** lavable; **2** doloroso; **3** escalofriante; **4** arcilloso; **5** asmático; **6** verdoso; **7** caucásico; **8** cantante; **9** afectuoso; **10** teatral; **11** anual; **12** amoroso; **13** oloroso; **14** tropical.

4 Respuesta libre.

5 **1** lavable; **2** calurosos; **3** profesional; **4** independiente; **5** horroroso; **6** poderosos; **7** celoso; **8** penetrante; **9** educativo; **10** comprensivo.

6 Respuesta libre.

UNIDAD 6

A INTERNET

1 **1** falsas; **2** digital; **3** red; **4** perjudicar; **5** publicar; **6** determinar; **7** difusión; **8** incapacidad; **9** colaboraciones; **10** datos

2 **1** aprobar; **2** perdone; **3** echaran de menos; **4** evitar; **5** dijeras; **6** fuéramos; **7** compre; **8** encontrarlo; **9** te enteres; **10** hablar.

3 **1** e; **2** c / f; **3** a; **4** d; **5** b; **6** g; **7** h; **8** c / f.

4 Respuesta libre.

5 **1** V; **2** F; **3** V; **4** V; **5** V; **6** V.

B SERIES

1 **1** porque; **2** pues; **3** por; **4** a causa del (de + el); **5** Como; **6** Ya que; **7** Puesto que; **8** que; **9** Porque; **10** porque; **11** pues; **12** Como ya.

2 **1** no dejan de crecer y de convertirse; **2** se convirtieron en estrellas; **3** dieron mucho que hablar; **4** ocupó el puesto número uno; **5** por la relación calidad-precio; **6** explorar este mercado tan valioso.

3 **1** estabais; **2** tuviera / tuviese, estaba; **3** dé; **4** quiero; **5** has llamado; **6** has dicho; **7** sean; **8** vi / he visto; **9** sea, tengo; **10** ser; **11** odiará; **12** cantaseis / contarais, trabajáis; **13** llegar; **14** prefiere.

4 **1** como; **2** puesto que / ya que; **3** ya que / como; **4** a causa de / por; **5** porque; **6** porque; **7** pues.

C PERIODISMO DIGITAL

1 **1** Internacional; **2** Cultura; **3** Economía; **4** Política; **5** Sociedad; **6** Opinión; **7** Clima; **8** Deportes; **9** Ciencia.

2 **1** además; **2** aunque; **3** debido a; **4** puesto que; **5** en consecuencia; **6** por tanto.

3 **1** En primer lugar; **2** Sin embargo; **3** Al contrario; **4** por lo tanto; **5** Además; **6** por eso; **7** Por otro lado; **8** incluso; **9** aunque.

4 **1** Una asociación de padres. **2** La posibilidad de que cometan un delito y la visión de páginas no aptas para niños. **3** Porque internet es un medio de difusión ultrarrápido y que abarca todos los países del mundo. **4** No. Existe una Comisión para establecer este acuerdo pero es complicado que todo los países la suscriban. **5** Las familias y los centros educativos. **6** No dejarles que estén muchas horas delante del ordenador sin saber qué hacen y colocar un buen filtro al ordenador.

PROCESOS Y ESTRATEGIAS 3 (UNIDADES 5 Y 6)

5 **1** Sin embargo, **2** Aunque, **3** además, **4** por eso, **5** como.

UNIDAD 7

A CINEMATOGRAFÍA

1 **1** en el que; **2** en las que; **3** en / de la que; **4** donde; **5** a la que; **6** a la que; **7** por la que; **8** por la que; **9** con la que.

2 **1** Porque vio la película *Átame*. **2** Para trabajar con Almodóvar. **3** Hasta 1997. **4** *Carne trémula*. **5** *Belle Époque, Todo sobre mi madre, Volver, Vicky, Cristina, Barcelona y Madres paralelas*.

3

D	I	R	E	C	T	O	R	W	R	Á
G	D	U	S	I	J	L	A	L	O	J
U	E	S	T	S	A	Ó	M	B	D	C
I	L	Á	R	Y	U	K	J	L	A	O
O	Ñ	R	E	D	A	S	E	A	J	Y
N	L	U	N	E	F	G	H	G	E	A
S	P	R	O	D	U	C	C	I	Ó	N
D	L	I	A	Ú	A	B	C	G	T	U
A	K	J	S	R	E	S	I	Y	O	H
C	A	R	G	U	M	E	N	T	O	O
T	O	É	U	C	A	S	F	V	R	A
O	L	L	I	I	B	U	S	V	A	S
R	J	Z	N	O	M	R	D	I	F	R
B	F	V	L	N	Q	U	É	M	I	P
I	T	C	Ñ	M	Ú	S	I	C	A	S

4 **1** a; **2** f; **3** h; **4** e; **5** b; **6** d; **7** g; **8** c.

5 **1** en; **2** con; **3** de; **4** por; **5** en; **6** de; **7** a; **8** a; **9** en; **10** con; **11** de (del); **12** en; **13** a; **14** en; **15** de; **16** a.

6 **1** b; **2** d; **3** e; **4** a; **5** c.

B TIEMPO LIBRE

1 **1** F; **2** V; **3** F; **4** F; **5** F; **6** F; **7** F.

2 **1** coreógrafo; **2** soltura; **3** poner en escena; **4** inaugurar; **5** artista; **6** caserío; **7** números; **8** gira.

3 **1** llamado; **2** medios; **3** historia; **4** aportaciones; **5** primero; **6** búsqueda; **7** ya; **8** dicha; **9** exigía; **10** rodaje; **11** destacables; **12** tienen; **13** pescadores; **14** plástica; **15** nombrar; **16** sobre; **17** directores; **18** para; **19** película; **20** llegada.

C NO IMAGINABA QUE FUERA TAN DIFÍCIL

1 **1** Pues yo no creo que *haya que respetar a los vecinos ni guardar silencio por las noches*. **2** En cambio, tu hermano mayor no opina que *tu familia sea ejemplar*. **3** Nosotros, por el contrario, no suponíamos que *iríamos / fuéramos / fuésemos a ir por el camino más corto*. **4** No recuerdo que *te preguntara / preguntase por tus primos*. **5** Sin embargo, él no se imaginaba que *aquello fuera / fuese a ocurrir*. **6** Pero a nosotros no nos ha parecido que *no tuvieras / tuvieses razón*. **7** Pues yo no me di cuenta de que

SOLUCIONES

me *había sonado el móvil*. **8** No veo que *hayas vuelto a suspender el examen*. **9** Nunca supo que *habías entrado en su casa con mis llaves*. **10** No se imaginó que *la hubieras / hubieses llamado por teléfono*.

2 **1** pase; **2** supone; **3** conlleve; **4** se sienten; **5** sea; **6** se vea; **7** es; **8** es; **9** recrudecerá; **10** empeorará.

3 leí; quiera; haya; harán; exista; sucedería / sucediera; tenía; reaccionaron; solicitan; haya.

4 **1** ha finalizado; **2** estáis / estaréis; **3** tengamos; **4** cuentan / han contado; **5** merendéis / merendáis; **6** ibas / fueras; **7** traduzcas / hayas traducido; **8** desperdiciaras; **9** hay / habrá; **10** importa; **11** tendríais / tuvierais / tuvieseis / teníais; **12** llevaras / llevases; **13** era / fuera / fuese; **14** sabían / supieran / supiesen; **15** volvería; **16** saldríamos / habíamos salido; **17** se visten; **18** pongan / pusieran / hayan puesto; **19** habías visto; **20** te enfades / te enfadaras / te enfadases / te hayas enfadado.

5 Respuesta abierta.

UNIDAD 8

A VIAJAR

1 **1** hasta; **2** sin; **3** de; **4** entre; **5** a; **6** Por; **7** en.

2 **1** b; **2** b; **3** c; **4** b.

3 **1** vea / haya visto; **2** se marchen / se hayan marchado; **3** llegue / haya llegado; **4** enfermara/enfermase; **5** digas / hayas dicho; **6** estudiara/estudiase; **7** llamarais/llamaseis; **8** compraras/comprases; **9** terminen / hayan terminado; **10** llevarais/llevaseis; **11** fuera/fuese; **12** diga.

4 Respuesta libre.

5

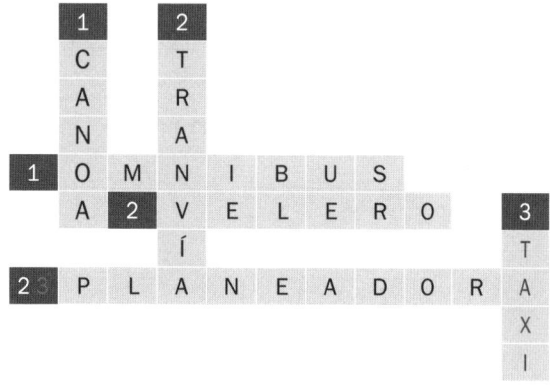

B VIAJAR PARA SENTIRSE VIVO

1 **Itinerario de la radio:** **1** visita a la isla Seymour Norte; **2** desembarco en la isla Bartolomé; **3** verán tiburones martillo; **4** coincide con el primer centenario de la publicación del primer libro de Darwin; **5** divisar delfines; **6** verán cormoranes no voladores. **Itinerario del folleto:** **1** visita a la isla Seymour Sur; **2** desembarco en la isla Salomé; **3** verán camaleones; **4** coincide con el tercer centenario de la publicación del primer libro de Darwin; **5** divisar cocodrilos; **6** verán cormoranes voladores.

2 **1** están, Es; **2** es; **3** Es / Será; **4** es, ha estado; **5** Es; **6** está; **7** Es; **8** es; **9** es; **10** está, Está; **11** está.

3 **1** fuisteis; **2** será; **3** sería; **4** sea; **5** hayáis sido; **6** estuvo; **7** estáis; **8** es; **9** esté; **10** esté.

4 **1** Me fastidia que *tu hermana haya vuelto a suspender el carné de conducir*. **2** Les encanta que *la gente ya no fume en el metro*. **3** Le pone nerviosa que *tu abuelo hable solo*. **4** Me da rabia que *los días pasen demasiado rápido*. **5** A sus padres les da miedo que *mi prima conduzca de noche*. **6** Me da igual que *María hiciera una entrada triunfal*. **7** Me puso de buen humor que *David sacara buenas notas*. **8** Me fastidió que *la luz cegara al conductor*. **9** Me molestó que *no se resistiera y fuera a hablar con ella*. **10** Me encantó que *tus amigos hablaran en público*.

5 **1** puesta; **2** dobladas; **3** roto; **4** muerta; **5** fritas; **6** abiertas; **7** decidido; **8** hecha; **9** alquilada; **10** escritos; **11** dormido.

6 **1** es; **2** ser; **3** está; **4** es; **5** es; **6** es; **7** sean; **8** es; **9** sean; **10** ser.

7 **1** denominar; **2** graduar; **3** numerar; **4** etiquetar; **5** seleccionar; **6** consumición; **7** aparición; **8** mezcla.

C TURISMO ESPACIAL

1 **1** abreviatura; **2** apertura; **3** adelanto; **4** competencia; **5** creación; **6** petición; **7** selección; **8** aparición.

2 **1** ha cambiado; **2** acosaban; **3** repetían; **4** decidieron; **5** ha crecido; **6** sustituidos; **7** decoren; **8** estorba.

3 **1** anclada; **2** abrumar; **3** muralla; **4** techo; **5** zoco; **6** adivino; **7** saltimbanqui; **8** curandero; **9** henna; **10** hervidero.

4 **1** iba; **2** éramos; **3** hayáis suspendido; **4** sea; **5** llamen; **6** estuvieran; **7** estés; **8** llamara; **9** Estaba; **10** has estado; **11** hubiera dicho; **12** estudiases; **13** haya ido; **14** estés; **15** salió; **16** digáis; **17** había salido; **18** fui; **19** fuimos; **20** llamaras.

PROCESOS Y ESTRATEGIAS 4 (UNIDADES 7 Y 8)

1 No sé por dónde empezar mi historia. No sé cuándo empezó todo o cuánto tiempo trascurrió.

No recuerdo muy bien el tiovivo, pero sí recuerdo aquel espantapájaros que no paraba de decirme cuánto miedo tenía.

También recuerdo aquella cocina antigua con aquellos objetos tan extraños: aquel abrelatas, aquel pasapurés e incluso aquel portalámparas antiguo que parecía haber salido de una película de terror.

También recuerdo aquel desván con todos aquellos libros colocados hábilmente en aquellas estanterías apolilladas. Me llamó la atención el manual teórico-práctico, el libro en relieve y aquel libro especializado en ciempiés.

Todavía hoy me pregunto por qué el abuelo tendría todos aquellos libros viejos, para qué los querría y qué pretendía hacer con ellos.

2 **1** Los muertos de la dictadura y de la Guerra Civil que han sido enterrados en fosas comunes. **2** Exhumar los restos de su bisabuelo de la fosa común de su pueblo. **3** Porque trata un tema que no se ha mencionado anteriormente en el cine: la memoria histórica.

UNIDAD 9

A EMPRENDEDORES

1 1 F; 2 V; 3 V; 4 F; 5 V; 6 V.

2 1 requieren; 2 sometido; 3 ataduras; 4 modalidad; 5 precariedad; 6 impulsa; 7 elenco; 8 consultoría; 9 expansión; 10 receptor.

3 1 ser su propio jefe; 2 para empresas; 3 no quieren comprometerse con una sola empresa; 4 estar obligado a algo; 5 intentar tener éxito.

4 1 f; 2 g; 3 d; 4 h; 5 e; 6 a; 7 c; 8 b.

5 1 Me parece que; 2 Estoy de acuerdo; 3 No obstante; 4 Para mí; 5 Bueno, sí, pero por otro lado; 6 Yo creo; 7 No estoy de acuerdo; 8 Lo que pasa es que; 9 llevas razón.

6 1 hablara; 2 lleguen; 3 pudieras; 4 tienes; 5 sepa; 6 aprendes; 7 te pongas; 8 hicieras; 9 atendáis; 10 devuelve; 11 probemos; 12 abran; 13 contáis; 14 dijeras; 15 meriendes; 16 quisieras; 17 gastara.

B ROBOTS Y TRABAJO

1 1 la torera; 2 la bombera; 3 la fontanera; 4 la árbitra; 5 la ingeniera; 6 la médica; 7 la arquitecta; 8 la piloto (pilota); 9 el modelo; 10 el violinista; 11 la periodista; 12 el dentista; 13 la policía; 14 el galerista.

2 *El constructor de música*

Francisco Hervás (Granada, 1962) tiene *uno* de los oficios más interesantes y complejos que pueden encontrarse: *luthier*, es decir, constructor de instrumentos musicales. Él se dedica a fabricar instrumentos antiguos, del Barroco y del Renacimiento. "*Habré* hecho unos ochenta o noventa instrumentos", recuerda. Francisco comenzó tocando en un grupo de música renacentista y tradicional y fue este hecho el que lo llevó a fabricar sus propios instrumentos. Fue así como surgió todo. Lo suyo *son* instrumentos artesanales, que nada tienen que ver con los que pueden adquirirse en una tienda, por muy caros que resulten. Cada detalle, como *la* espiral del clavijero de un violín o una viola, está tallado a mano, con horas o días de paciencia y rigor, la madera se curva con maniobras de calentamiento y humedad. Hasta el último detalle requiere *una* planificación absoluta. El resultado final no es un mero instrumento. Es una obra *de* arte. Hay *luthiers*, y Hervás es uno de ellos, a los que se *les* encargan los instrumentos con años de antelación, debido al tiempo que necesita cada obra y a los encargos que tienen con anterioridad. Los músicos, sin embargo, prefieren aguardar y tener por fin un *Hervás*. De hecho, el nombre de su autor aparece en el frontal del clavecín uno de los instrumentos más complicados de construir, que hizo por encargo. En su talle se comprende el valor de una firma en un instrumento.

3 1 el / la testigo; 2 La dependienta; 3 La atleta; 4 El guía; 5 Las pacientes; 6 La piloto; 7 La comandante; 8 la víctima.

4 el panadero: la panadera; el artista: la artista; el violinista: la violinista; el conductor: la conductora; el marinero: la marinera; el atleta: la atleta; el comandante: la comandante; el modelo: la modelo; el dependiente: la dependienta; el charcutero: la charcutera; el barón: la baronesa; el amante: la amante; la jirafa: la jirafa; el cartero: la cartera; el caballo: la yegua; el yerno: la nuera; el padrino: la madrina; el cuñado: la cuñada; el guardaespaldas: la guardaespaldas; el policía: la policía; el enfermero: la enfermera; el arquitecto: la arquitecta; el juez: la juez / la jueza; el presidente: la presidenta; el taxista: la taxista; el periodista: la periodista.

C SERVICIOS PÚBLICOS

1 1 vengáis; 2 apruebes; 3 condujera / condujese; 4 os pongáis; 5 tuvieras / tuvieses; 6 dijeras / dijeses; 7 estuviera / estuviese; 8 pusiéramos / pusiésemos; 9 hagamos; 10 hayas cogido.

2 1 siempre y cuando; 2 a no ser que; 3 en caso de que; 4 a no ser que; 5 como; 6 con tal de que; 7 excepto que.

3 1 plazas; 2 entre sí; 3 vacante; 4 Asimismo; 5 aptitudes; 6 ambas; 7 pulsaciones; 8 título.

4 1 g; 2 a; 3 d; 4 c; 5 f; 6 b; 7 e.

5

UNIDAD 10

A SI CONDUCES, NO BEBAS

1 1 c; 2 i; 3 g; 4 h; 5 b; 6 f; 7 d; 8 a; 9 e.

2 1 La policía; 2 El juez; 3 Los condenados; 4 El jurado; 5 El abogado; 6 El delincuente; 7 El ladrón; 8 El homicida; 9 El contrabandista; 10 El secuestrador.

3 1 he vulnerado, he cometido; 2 delito; 3 multa; 4 sobornar; 5 acusado, bigamia; 6 absuelto; 7 cumplir, condena; 8 revocada; 9 detenido; 10 secuestrado.

4 **Criminal:** ladrón, asesino, evasor, asaltador, secuestrador, traficante; **Verbo:** robar, asesinar, evadir, asaltar, secuestrar, traficar.

5 1 duela; 2 haga; 3 saludaba; 4 pude; 5 venía; 6 parezca; 7 cayó; 8 saques; 9 fuimos; 10 hicieron.

6 1 llevo; 2 haga; 3 saques; 4 llueva; 5 estés; 6 pongo; 7 quieras; 8 sepamos; 9 des.

7 1 b; 2 a; 3 e; 4 c; 5 d.

SOLUCIONES

B ME HAN ROBADO

1 1 haya aprendido; **2** escribió; **3** haya estado; **4** era; **5** gusta; **6** prefieres; **7** vive; **8** presenté; **9** pueda; **10** está.

2 1 atendió; **2** escriben, toman; **3** recibiera; **4** se preocupaban; **5** enviaron; **6** supiera; **7** tocó / había tocado; **8** gustara; **9** pueda, pinta, es; **10** mereciera; **11** estén; **12** sabían.

3 Respuesta abierta.

4 1 la que; **2** el que; **3** el que; **4** las que; **5** los que; **6** la que; **7** lo que; **8** el que; **9** la que; **10** el que; **11** lo que.

5 1 adelanten; **2** conduzcan; **3** lleven; **4** circule; **5** tenga; **6** vayan; **7** habla; **8** lleva; **9** sean / hayan sido; **10** sufra.

C SE ME HA ESTROPEADO EL COCHE

1 1 espejos retrovisores; **2** carrocería; **3** cinturón de seguridad; **4** neumáticos; **5** rueda; **6** faros; **7** frenos; **8** intermitentes; **9** depósito de gasolina; **10** limpiaparabrisas; **11** volante.

2 1 En los laterales se debe ver parte de la carrocería. **2** A todos los pasajeros, incluso a los de las plazas traseras. **3** La mala presión de los neumáticos. **4** Las luces de los faros, las de los frenos y las de los intermitentes. **5** Los limpiaparabrisas.

3 1 Se le ha perdido el móvil. **2** Se le ha caído un diente. **3** Se les ha escapado el perro. **4** Se nos ha ido el autobús. **5** Se te han quemado las lentejas. **6** Se me ha bloqueado el ordenador. **7** Se les ha inundado la casa. **8** Se os ha hecho tarde. **9** Se nos ha roto el motor. **10** Se les han estropeado las vacaciones.

4 1 Se le ha pinchado la rueda. **2** Se le ha manchado la camisa. **3** Se le ha acabado el dinero. **4** Se le ha escapado el perro. **5** Se le ha ocurrido una idea. **6** Se le ha quemado el horno. **7** Se le ha caído el pelo. **8** Se le ha roto un plato.

5 1 aceite; **2** ruedas; **5** luces; **7** limpiaparabrisas; **9** frenos; **10** gases.

6 1 Porque se acerca el verano, y antes de la revisión quiere poner el coche a punto. **2** Hacen un poco de ruido. **3** Están un poco descolocadas y la luz de freno está fundida. **4** Cada 50 000 kilómetros. **5** La emisión de gases contaminantes. **6** Cambiar el aceite. **7** En el caso de que haya terminado antes de dos días. **8** Que revise el agua del limpiaparabrisas y el líquido de frenos.

7 1 Los agentes de circulación. **2** Luchar contra los accidentes de tráfico y mejorar la seguridad vial. **3** Porque hay que adaptarse a la realidad del tráfico. **4** 6000 euros. **5** Someterse a una prueba de detección de drogas y alcoholemia.

PROCESOS Y ESTRATEGIAS 5 (UNIDADES 9 Y 10)

1 1 Falso. Necesitan superar los procesos selectivos. **2** Falso. Hay un cupo de plazas para discapacidad intelectual. **3** Verdadero. La normativa establece la adaptación de tiempo y/o medios para la realización de las pruebas.

UNIDAD 11

A ANIMALES

1 1 g; **2** e; **3** b; **4** c; **5** h; **6** k; **7** j; **8** a; **9** f; **10** d; **11** i.

2 1 es tan terco como una mula; **2** es más cobarde que las gallinas; **3** bebe menos que un camello; **4** es ahorrador como una hormiga; **5** hace un día de perros; **6** cantaba como un ruiseñor, **7** es más lento que una tortuga, **8** fuerte como un toro; **9** se llevan como el perro y el gato; **10** está más loco que una cabra; **11** ser astuto como un zorro.

3 1 sin; **2** para; **3** por; **4** hasta; **5** desde; **6** para.

4 **Fábula original:** la Cigarra llama a la puerta de la Hormiga para pedirle comida; cuando llega el invierno, la Cigarra pasa hambre. **Fábula adaptada:** la Cigarra llama a la puerta de la Hormiga, montada en un Ferrari, para pedirle que le cuide su casa; la Cigarra consigue dinero por un contrato que ha firmado con un productor francés.

5 1 La Cigarra saludó a la hormiga y le dijo que iba a pasar el invierno en París y que si podría cuidar de su casita. **2** La Hormiga le respondió que sin problemas, y le preguntó dónde había conseguido el dinero para ir a París y para comprar un Ferrari y un abrigo tan bonito y tan caro. **3** Y la Cigarra le respondió que había sido algo increíble ya que, cuando estaba cantando en un bar la semana pasada, un productor francés la escuchó y le gustó su voz; entonces firmó un contrato para hacer espectáculos en París; y le preguntó si necesitaba algo de allí. **4** Y la Hormiga le dijo que sí, que si se encontraba con La Fontaine le dijera de su parte...

B EL CLIMA

1 1 temperatura global; **2** irradiación solar; **3** erupciones volcánicas; **4** energía solar; **5** atmósfera; **6** efecto invernadero; **7** efecto invernadero; **8** deforestación; **9** dióxido de carbono.

2 1 c; **2** b; **3** a.

3 1 precipitaciones, desbordaran, se normalizó; **2** sudar, absorberla; **3** deshidratación; **4** nevadas; **5** huracán, inundadas; **6** ciclón, tormenta.

4 1 seleccionen; **2** grite; **3** has aprobado; **4** iba; **5** hubieras venido; **6** expliques; **7** fuera; **8** tengas; **9** estuviera; **10** llovió.

5 Respuesta abierta.

C DESASTRES NATURALES

1 1 siente, pueda; **2** sitúese; **3** corra, se detenga, aléjese; **4** diríjase; **5** Tenga; **6** procure; **7** Instruya; **8** Guarde.

2 1 flaca; **2** pobre; **3** abuelo; **4** boca; **5** guapo; **6** cintura; **7** dientes; **8** relleno; **9** plaza; **10** nariz; **11** maleta; **12** amigo.

3 1 guapillo; **2** cinturita; **3** rellenito; **4** dientecillos; **5** boquita; **6** Pobrecillo; **7** flaquita; **8** naricilla; **9** plazuela; **10** abuelete; **11** amiguitos; **12** maletín.

4

5 1 No salir descalzo. 2 No usar cerillas hasta asegurarse de que no hay escapes de gas. 4 Asegurar las puertas y ventanas expuestas al exterior. 6 Comprar o almacenar agua potable. 8 Adquirir un botiquín de primeros auxilios. 10 Dar a las mascotas suficiente agua y comida. 11 Ubicarse bajo una mesa u objeto estable. 12 Llenar el depósito de gasolina.

UNIDAD 12

A POESÍA Y NOVELA

1 1 hay; 2 me parece; 3 se vaya; 4 te quedas; 5 cumplas; 6 seas; 7 estás; 8 prohíbo; 9 te suicidarás; 10 negaré; 11 termine; 12 convenga; 13 quiera; 14 se entere.

2 1 Echar una ojeada; 2 Dejar en paz; 3 Hacer una tontería; 4 Perderte de vista; 5 Micos.

3 1 por; 2 por; 3 para; 4 para; 5 por; 6 por; 7 para; 8 para; 9 por / para; 10 por / para.

4 1 j; 2 g; 3 e; 4 c; 5 b; 6 i; 7 d; 8 a; 9 f; 10 h.

5 1 Para; 2 para; 3 por; 4 Para; 5 por; 6 por; 7 para; 8 por; 9 por; 10 para.

6 1 por; 2 para; 3 para; 4 por; 5 por; 6 por; 7 para; 8 por; 9 para; 10 por; 11 por.

B TURISMO CULTURAL

1 1 son atraídos; 2 es seducido; 3 ha sido convertida; 4 ha sido celebrado.

2 1 lúdica; 2 aliciente; 3 gancho; 4 ocio; 5 feroz; 6 paraje; 7 depredadora; 8 fagocitar; 9 masiva; 10 oscilar.

3 1 invertida; 2 demostrado; 3 dominada; 4 visitado; 5 inaugurado; 6 acometidas.

4 1 ha sido galardonado; 2 será construido (mejor que "se construirá" porque se conoce el agente); 3 fue hallado; 4 están encarcelados; 5 había sido suspendida / estaba suspendida; 6 fue abucheado; 7 había sido roto / estaba roto; 8 se recogen / son recogidas; 9 eran invitadas; 10 estaba sentenciada; 11 era preparada; 12 fueron encontrados / se encontraron, fueron declarados / se declararon; 13 fueron retenidos / estuvieron retenidos; 14 han sido suspendidas / se suspendieron; 15 fue plagiado / ha sido plagiado.

5 1 reparada; 2 resuelto; 3 castigado; 4 traducido; 5 fabricado; 6 reservado.

C ¿SIGUES PINTANDO?

1 1 tuve que; 2 dejo de; 3 Llevo; 4 debes; 5 Hubo que; 6 lleva; 7 sigue; 8 viene a; 9 Debe de; 10 tenido que.

2 1. c; 2 a; 3 a, b, c; 4 a; 5 b; 6 a; 7 a, c.

3 1 Continuidad; 2 Aproximación; 3 Terminación; 4 Repetición; 5 Obligación o necesidad; 6 Probabilidad; 7 Interrupción; 8 Obligación o necesidad.

4 1 había de recordar; 2 llevó a conocer; 3 había que señalarlas; 4 daban a conocer; 5 tratando de desenclavarse; 6 consiguió disuadirlo; 7 ha de sobrarnos; 8 se empeñó en demostrar; 9 logró desenterrar.

5 1 b; 2 d; 3 f; 4 c; 5 g; 6 e; 7 a.

PROCESOS Y STRATEGIAS 6 (UNIDADES 11 Y 12)

5 Había estado lloviendo (acción en desarrollo)
Debían de ser (probabilidad o suposición)
Seguía dándole (continuidad)
Había que abandonar (obligación o necesidad)
Volvía a considerar (repetición)
Hay que ser (obligación o necesidad)
Debo intentarlo (obligación o necesidad)
Debía de estar (probabilidad o suposición)
Fue a descolgar (futuro)
Había dejado de llover (interrupción y terminación)
Volvió a apoderarse (repetición)

6 Vertical: 1 extranjería, 2 congeniar, 3 energético.
Horizontales: 1 octogenario, 2 transgénico, 3 granjero.

VÍDEOS

VÍDEO 1 SUPONGO QUE SE LO CONTARÁS

1 "Verlo todo negro": pensar, referente a un tema o situación, que nada puede salir bien.

2 "La vida (ser) de color rosa": cuando una persona no es realista y piensa que todo en la vida es perfecto y fantástico.

3 "Las cosas son blancas o negras": lo piensan las personas que razonan todos los temas con argumentos en un extremo y en el opuesto.

2b Posible respuesta: Mar se sentía feliz con Pau en esa época, estaba muy enamorada. Corrían por la playa, escuchaban música juntos, practicaban deporte. Mar leía los libros y veía las películas que Pau le recomendaba. Y le gustaba mucho la sonrisa de Pau y cómo él la miraba.

3 Mar: 1 V; 2 F; 3 F; Nuria: 1 V; 2 F; 3 V

4b 1 Que Pau le preguntara constantemente en qué estaba pensando.

2 Que cada vez que alguien le llamaba al celular o le escribía mensajes, quisiera saber quién era y de qué hablaban.

3 Se enojaba.

4 Que quisiera controlarla todo el tiempo.

5 No lo entendió porque a Pau le parecía normal su actitud.

6 Que hablará con Pau y le contará la conversación con Mar.

7 Lo quiere como amigo.

VÍDEO 2 LO IMPORTANTE ES MANTENER LA AMISTAD

1a Bocadillo: es un trozo de pan abierto y relleno.

Bocata: es el nombre coloquial de bocadillo.

Sándwich: es un anglicismo que, en España, se usa para los bocadillos hechos con pan de molde.

2a 1 no habría ido a Benicàssim. 2 no lo habría hecho. 3 la hubiera escuchado. 4 le hubiera avisado cuando quedaba con sus amigos. 5 no agobiaría tanto a Mar. 6 no le ocultas nada. 7 no piensas (pensás) que te engaña.

SOLUCIONES

3 1 V; 2 F; 3 F; 4 V; 5 V; 6 F; 7 F.

4a 1 Pau un bocata de atún con tomate, y Álex un bocadillo de tortilla y almendras. 2 A Álex, porque come huevos ecológicos y de proximidad, y se preocupa de llevar almendras que son buenas para dar energía.

5a 1 De Mar. 2 Quiere quedar con Pau hoy. 3 Quiere ir a ver a Mar después de comer. 4 Se enfada con Pau porque están de excursión y Pau se quiere ir.

5c Álex le aconseja que no vaya a ver a Mar porque su relación se ha terminado definitivamente.

Pau decide dejar a Álex e irse a ver a Mar sin haber comido el bocata que llevaba.

VÍDEO 3 UN RUIDO INSOPORTABLE

2b Mar está decepcionada porque la publicidad del apartamento que le ofrecieron no coincide con la realidad. La publicidad decía que estaba en un lugar ideal, con vistas a la playa, pero en realidad ve la carretera y además hay mucho ruido por los coches y las obras de los vecinos.

3 1 b; 2 c; 3 c.

4b Pau recibe un mensaje de Mar, se va al salón para poder llamarla sin que su prima Nuria lo vea, seguramente porque antes Nuria le ha dicho que estaba obsesionado con Mar.

5a 1 V; 2 V; 3 F; 4 F; 5 F; 6 V; 7 F; 8 V.

VÍDEO 4 FESTIVALES DE MÚSICA

2b Texto 2.

3 1 se celebraba; 2 que fuera tan importante; 3 lo bien que se lo pasaron; 4 se supieran; 5 se hubieran aprendido; 6 fuera bueno; 7 no pudiera ir; 8 se quede sin; 9 haya acabado de.

4a 1 Porque a Álex le gusta Mar. 2 A Nuria le parece normal que estén cerca porque están viendo fotos. No ve que Álex mire de manera especial a Mar. 3 Que Pau sea tan celoso.

4b Pau le lleva una bebida a Mar y se sienta a su lado intentando captar su atención.

5 1 F; 2 V; 3 F; 4 F; 5 V; 6 V; 7 V; 8 F; 9 F; 10 V.

VÍDEO 5 ¿Y QUÉ TAL TU PRIMER DÍA DE TRABAJO?

2b Mar no encuentra piso y Nuria le ofrece la casa de sus padres para que se quede hasta que ellos regresen.

3a 1 En caso de; 2 encuentre; 3 a no ser; 4 cambien; 5 Mientras; 6 estén; 7 siempre que; 8 me dejes.

4 1 Del maletero y de una rueda. 2 Porque cree que la policía tiene problemas más grandes por resolver y no tiene tiempo para cosas pequeñas. 3 Que Nuria lleve el coche al taller. 4 La carrocería está mal (rayada) y la ventanilla no funciona. 5 Mar quiere pagarle algo a Nuria (ya que no le cobra alquiler) para ayudarla con el coche.

5 1 a; 2 c; 3 b; 4 c.

VÍDEO 6 AUNQUE NO QUIERA

2b El tema es el cambio climático que no cesa a lo largo de los años.

3a 1 Nuria (N); 2 Álex (A); 3 Pau (P).

4a 1 Mar recuerda cuando se encontró a Pau en la playa de Benicàssim y los momentos que han disfrutado como amigos desde su llegada al pueblo. Aunque al principio no quería hablar con él porque pensaba que discutirían, ahora reconoce que sigue sintiendo algo por Pau.

4b 2 A Mar le parece bien el vídeo de Pau, está de acuerdo con su postura y cree que hay que ser conscientes de la realidad, aunque parezca muy pesimista.

5 1 V; 2 F; 3 F; 4 V; 5 F; 6 V.

6a 1 En tren; 2 Álex.

6b 1 Pau se despide primero de Nuria y después de Mar. 2 Pau le dice a su prima que volverá el próximo año pase lo que pase. A Mar le dice que le ha encantado volver a verla. 3 Nuria le contesta que le estará esperando el próximo verano. Mar le dice que le irá muy bien por Madrid y que a ella también le ha encantado volver a verlo.

NOTAS

NOTAS

NOTAS